AF245622

CAUSERIES
PHOTOGRAPHIQUES

PAR

A. BELLOC

(1861)

FABRIQUE SPÉCIALE DE PRODUITS CHIMIQUES
POUR LA PHOTOGRAPHIE
PRIX-COURANT — CHOIX D'OBJECTIFS — CHAMBRES NOIRES
GLACES — PAPIERS — APPAREILS COMPLETS, ETC.

EXPOSITIONS GÉNÉRALES

De Paris, Londres, Amsterdam, Bruxelles, etc.

Plusieurs Médailles et Mentions honorables

PARIS

CHEZ L'AUTEUR

RUE DE LANCRY, 16

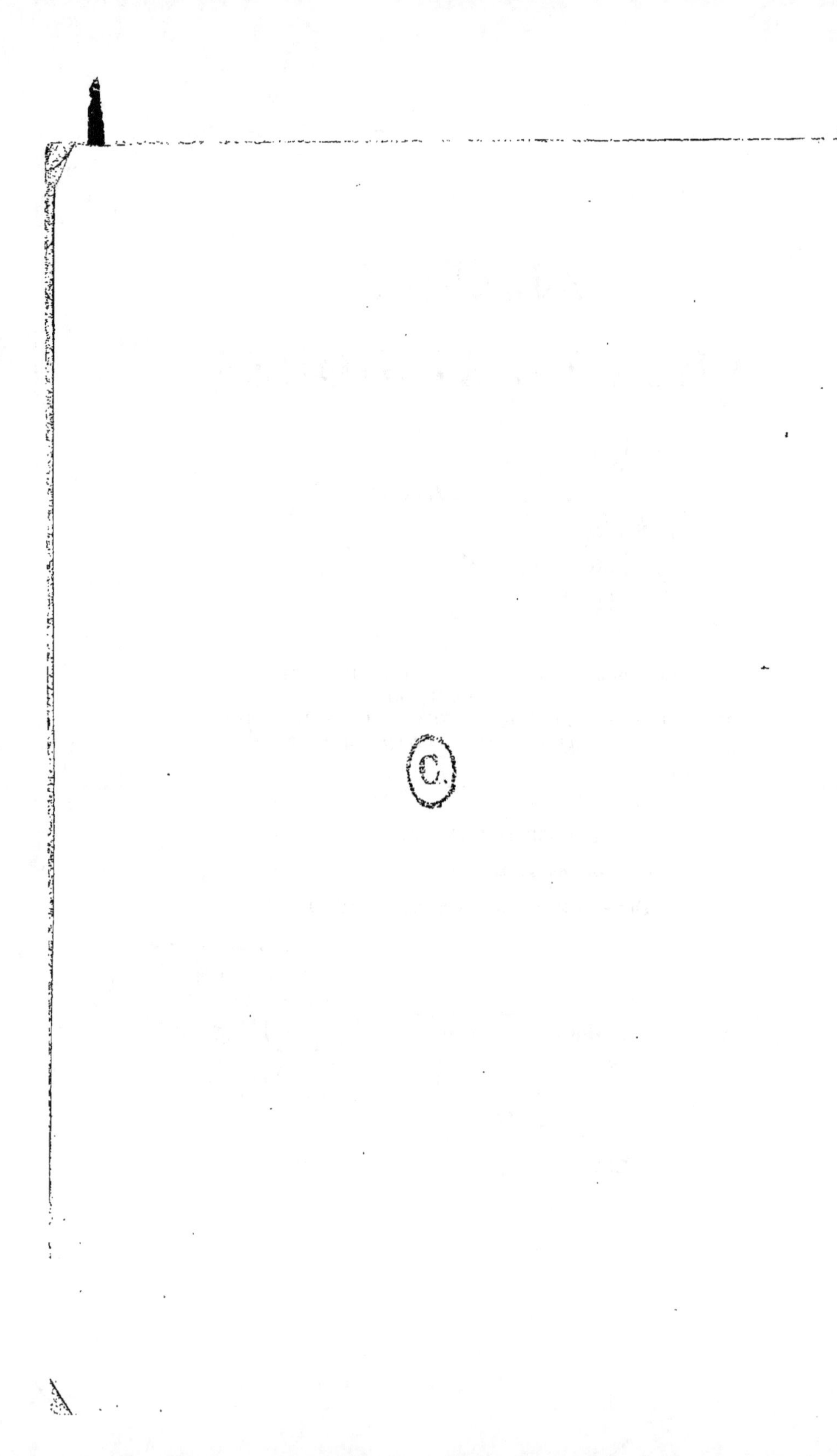

AVANT-PROPOS

———

Dès sa naissance, la Photographie a été influencée, sinon tout à fait dirigée, par les goûts et les opinions du public. L'opérateur-photographe est négociant avant d'être artiste. Que ses épreuves soient de vente facile et lucrative, c'est là sa plus grande préoccupation. En elle-même, la Photographie est un art, mais, entre les mains de la plupart de ceux qui l'exploitent, ce n'est plus qu'un métier. Il y a encore une raison toute particulière pour qu'il en soit ainsi. En général, on se croit, modestement, propre à tout comprendre et bon à tout faire, mais bien plus facilement encore, on pense pouvoir, sans aucune étude préalable, faire de la Photographie; et, partant de cette présomption, on achète un appareil photographique comme on achète une boîte à musique, ne doutant pas que le premier ne donne tout aussi bien de belles images que la seconde de beaux airs; on considère tout cela comme de la mécanique perfectionnée, qui dispense de tout travail sérieux.

Les Français surtout, il faut bien avoir le courage et la bonne foi de le reconnaître, toujours légers et enthousiastes à la fois, négligent trop souvent de s'instruire dans la spécialité même qu'ils veulent connaître et pratiquer; on dirait qu'ils ont la science infuse; quelques notions vagues et superficielles de Chimie et de Dessin, et les voilà convaincus d'être parfaitement en mesure pour se tirer d'affaire et obtenir de très-beaux résultats; quant aux détails techniques, aux procédés matériels, ils pensent qu'une *Méthode* suffira amplement, et qu'ils n'ont nullement besoin de professeur. Qu'arrive-t-il de là? Que tel amateur, ayant peut-être, d'ailleurs, de très-bonnes dispositions, mais manquant tout à fait d'éducation spéciale, après de nombreuses expériences sans effet satisfaisant, se lasse, se dégoûte, brise ou vend son appareil, et renonce à tout jamais à un art qui pouvait être pour lui une source de charmantes distractions, sinon même de fortune.

Mais si ce même opérateur, qui a cru pouvoir se passer d'une éducation spéciale, est dans une position telle qu'il doit se faire un devoir de persister quand même, à travers toutes les difficultés, tous les déboires, toutes les déceptions, quelle torture pour lui, et que d'injustices ne commettra-t-il pas dans les reproches qu'il se croira en droit d'adresser à ses fournisseurs, ne sachant plus à qui s'en prendre de ses tentatives stériles ou de ses réussites incomplètes. Que d'argent gaspillé, que de produits gâchés en pure perte !

C'est pour obvier à cet inconvénient si grave, que, convaincu depuis longtemps de la nécessité absolue d'une éducation spéciale, à la fois théorique et pratique, nous avons écrit tout ce qu'il faut savoir en pareille matière, et sous une forme, il nous semble, accessible à tout le monde. Toutefois, comme les ouvrages de science, même les plus lucides, sont encore assez difficiles à comprendre si l'expérience fait défaut, nous avons cherché à faciliter l'étude et la pratique de la Photographie, en donnant des leçons gratuites à nos clients, et nous avons pensé qu'en nous rendant ainsi utile aux autres, nous n'en travaillions que mieux à la prospérité de notre maison. Chaque pas que nous avons fait dans cette voie nous a confirmé dans nos prévisions. En effet, nos élèves trouvent nos produits parfaits, parce qu'ils savent s'en servir, et là fidélité de ces clients nous est parfaitement garantie. Notre intention bien arrêtée est de persévérer de plus en plus dans cette méthode qui, ayant pour objet de créer de bons produits, et pour but de former de bons élèves, doit avoir pour résultat de favoriser et de faciliter les progrès de l'art photographique, déjà si avancé, mais encore si loin de l'idéal qu'il peut légitimement espérer d'atteindre.

CAUSERIES

Quels sont les progrès de l'Art photographique
depuis cinq ans?... A-t-on découvert un collodion
plus impressionnable? une formule plus féconde,
un moyen quelconque de simplifier ou de perfectionner les opérations? Est-on parvenu, dans
le tirage des épreuves positives, à plus de fixité,
plus de relief et plus de couleur? Convient-il de
considérer comme des progrès, ces formules de
liqueurs génératrices où il n'entre pas moins de
six substances différentes? Devons-nous exalter
l'azotate d'urane, le tirage des épreuves au
charbon, le papier collodionné sec? etc., etc.....

Ce qu'il y a de bien certain, c'est que depuis
1853, époque à laquelle nous avons publié notre
premier *Traité de Photographie*, nous n'avons
cessé de répéter, d'année en année, dans chaque
nouveau Traité, les mêmes formules que nous
avions données dès le début de la découverte, et

qu'aujourd'hui encore, ce que nous avons de mieux à faire, c'est de les reproduire à peu près textuellement.

Ces formules ont, du reste, produit d'assez beaux résultats pour que nous n'hésitions pas à leur donner de nouveau la sanction de notre expérience, et à les recommander, de plus en plus, à tous les opérateurs sérieux. Il faut bien reconnaître aussi qu'on a progressé dans la mise en œuvre de ces mêmes formules : la manipulation est, en général, beaucoup plus habile, le coup d'œil est plus sûr, on opère avec plus de netteté ; bref, il y a eu véritablement progrès, en théorie et en pratique, mais dans un cercle restreint, et non pas dans la voie des grandes innovations.

En 1853, nous faisions, sans peine et à coup sûr, des épreuves qui peuvent soutenir la comparaison avec les plus belles d'aujourd'hui, et nous ne craignons pas de dire que nous ne saurions, quant à présent, aller plus loin. A ces formules que nous avons publiées alors, formules à la fois simples et pratiques, nous sommes resté d'autant plus fidèle, qu'elles ont été elles-mêmes plus constantes dans leurs résultats, et que nous avions d'ailleurs pu apprécier, en les expérimentant, l'insuffisance et l'infériorité radicale de celles que l'on préconisait de tous côtés.

En 1860, nous avons publié, dans l'*Annuaire des Sciences*, un petit Traité qui nous a valu de tels éloges, que nous devons croire qu'il n'a pas été sans fruit pour les opérateurs. Nous avons l'intention de prendre l'habitude, sinon l'engagement, de publier tous les ans un travail de même nature, à l'usage de nos clients. Nous nous efforcerons de rédiger ces Traités sous une forme claire et précise, et de façon à indiquer nettement, en quelques leçons, les moyens de simplifier les manipulations, et de réduire les théories à quelques propositions faciles à saisir et à mettre en pratique. Notre but est de faire en sorte que l'Art photographique soit ramené à quelques règles invariables dans leurs principes comme dans leurs résultats. Toute réflexion incidente, toute théorie particulière, toute analyse surabondante, seront soigneusement éliminées du manuel opératoire, que les Photographes ne devront consulter qu'après avoir lu attentivement nos *Causeries*, qui auront expliqué les phénomènes résultant des différentes combinaisons chimiques, et aplani les difficultés de toute nature, provenant de l'inexpérience des commençants.

Felix qui potuit rerum cognoscere causas, a dit Virgile. Ce bonheur-là doit être une obligation pour l'Opérateur, car il faut, de toute nécessité, qu'il se rende compte de la cause du moindre défaut, s'il veut y remédier, et marcher, sans trouble et sans peine, de succès en succès. Rien ne semble si facile, et pourtant rien ne l'est moins si l'on agit au hasard, comme rien ne le sera autant si l'on suit à la lettre et qu'on exécute ponctuellement les préceptes que nous allons tracer. Les pages qui suivent résument tout ce qu'on peut dire sur le procédé-collodion et ses diverses applications.

1.

De l'Objectif.

L'appareil photographique se compose de deux parties bien distinctes, quoique d'ailleurs inséparables, l'objectif et la chambre noire.

La partie mécanique de l'appareil a son importance et doit être traitée avec soin. Le choix de l'objectif, qui demande une grande expérience, est décisif et constitue la principale difficulté.

Un objectif parfait est le véritable *desideratum*, pour ne pas dire la pierre philosophale du photographe.

On a beaucoup discuté le mérite des divers opticiens par rapport aux objectifs qu'ils peuvent fournir ; notre avis est que tous les opticiens, sans distinction de genre ou de nationalité, sont également habiles et en état de fournir d'excellentes lentilles. Cependant, malgré toute leur habileté, c'est à peine s'ils peuvent, sur vingt objectifs, en produire un parfaitement bon ; aussi engageons-nous les opérateurs à essayer les lentilles, afin de s'assurer de la coïncidence des foyers et de la pureté des verres. Les objectifs de petit diamètre sont presque tous bons ; mais le commerce livre bien plus rarement des objectifs acceptables dans le diamètre de 81 m.m. et au-dessus.

Ceux qui ne connaissent la photographie que de nom, s'imaginent volontiers qu'un objectif d'un grand diamètre peut et doit produire une grande image.

Un engouement suranné fait encore donner

parfois la préférence aux objectifs allemands ; mais cet engouement tend à disparaître.

Nos opticiens sont assez habiles, pour que notre patriotisme soit en parfait accord avec nos intérêts, et c'est en toute impartialité que nous pouvons donner la préférence aux produits de la France.

Nous pensons, avec sir David Brewster, le chef de l'optique moderne, que tout objectif plus grand que l'œil doit nécessairement déformer l'image qu'il produit. Sans adopter ce jugement dans un sens trop absolu, il faut bien reconnaître que les images les plus correctes et les moins imparfaites, sous le rapport de la ressemblance et de la pureté des lignes, sont le produit naturel et constant des objectifs 1/4 de plaque. L'objectif 1/2 peut encore donner de bons résultats, mais l'objectif plaque normale est rarement construit dans de bonnes conditions optiques ; c'est pourquoi nous reviendrons souvent, et avec la plus vive instance, sur l'importance du choix de l'objectif. Il est parfaitement vrai de dire que tout portrait, dont le masque dépasse 4 centimètres, ne peut être fatalement que la charge de l'original ; nous engageons donc ceux qui font de la photographie une distraction, et non un commerce, à donner la préférence aux appareils demi-plaque, ou, du moins, à ne produire que de petites images avec de grands objectifs.

La retouche seule, venant au secours de l'opérateur, pourra corriger les monstruosités dues aux grands objectifs et produire même les effets que l'on exige souvent de l'artiste photographe, et

lui permettra d'exposer ces figures énormes , dé-
formées et grimaçantes, qui font cependant l'ad-
miration du *bon* public.

Il n'est pas sans intérêt de constater que les
événements accomplis dans le monde photographique, en ces dernières années, sont venus con-
firmer la justesse de nos prévisions. Le public,
lui-même, a fini par comprendre que, malgré les
secours de la retouche la plus habile, les grandes
images laissent toujours à désirer, tandis que les
petites atteignent facilement toute la perfection
dont la photographie est susceptible à l'état actuel
de son développement. De là, le succès toujours
croissant de ces jolies cartes de visite qui sont
venues donner des millions de preuves à cette
assertion.

De la chambre noire.

La chambre noire est, comme on sait, une
boîte munie d'un objectif à sa paroi antérieure,
et d'une glace dépolie à sa paroi postérieure. On
l'appelle chambre *noire*, non parce qu'elle est
noircie à l'intérieur, car elle pourrait être blanche sans inconvénient, mais parce qu'elle doit
être privée de toute lumière, ou, du moins, ne
recevoir que celle de l'objectif. L'image prise
par la lentille, est portée sur le verre dépoli qui
la montre plus ou moins confuse, suivant qu'elle
est plus ou moins loin de son foyer. La grandeur
des images diminue, pour une même lentille, à
mesure que l'objet s'éloigne; elle augmente à
mesure que l'objet se rapproche. L'image est
d'autant plus nette, d'autant mieux définie, qu'elle

est plus petite; elle est d'autant plus grossière, plus confuse, exagérée, qu'elle est plus grande. L'image d'un corps en relief ne peut jamais être complétement pure à un seul foyer, car les diverses parties d'un même corps ne sont pas sur un même plan. On ne peut donc obtenir de netteté absolue que pour les images des objets situés sur un seul plan ou qui, étant sur des plans différents, se trouvent à de grandes distances de l'objectif.

Mais, ce que nous venons de dire de l'objectif double destiné aux portraits, ne saurait s'appliquer à la lentille simple, destinée aux paysages et à la reproduction. Une monture munie de diaphragmes de diamètres différents donnera, suivant leur grandeur, plus ou moins de finesse; et quel que soit le format de la reproduction, le dessin pourra être d'une parfaite régularité. Du reste, tout objectif à lentilles combinées pour le portrait peut, par une légère modification, passer à l'état d'objectif pour paysage. Une monture en cuivre, qui se visse elle-même sur la rondelle, reçoit le barillet qui porte le verre antérieur de l'objectif à portrait, et cette monture, munie de diaphragmes, constitue un objectif excellent pour toute reproduction. Le premier principe de toute photographie, paysage, reproduction ou portrait, est de mettre le sujet au foyer. Il faut, pour cela, amener sur la glace dépolie l'image produite par l'objectif, en déplaçant d'abord le fond de la chambre noire, qui est mobile, puis à l'aide de la crémaillère de l'objectif, on termine de mettre au foyer. Lorsque l'image paraît parfaitement dessinée sur la glace dépolie, on retire cette dernière et l'on met l'obturateur sur l'objectif; on introduit le châssis porte-glace sensible; on lève le volet du châssis, puis l'obturateur, et l'image se produit sur la couche sensible.

Quand il s'agit de nature vivante à prendre au stéréoscope, on peut employer avec succès l'appareil décrit, en 1849, par sir David Brewster, et auquel il a donné le nom de chambre binoculaire. Cet appareil se distingue de l'appareil ordinaire en ce que la chambre noire est munie de deux objectifs, de telle sorte que les deux lentilles, d'une même ouverture et d'un même foyer, reproduisent simultanément, et sous deux points de vue différents, les deux images accouplées, ce qui dispense d'une double opération, et permet, par conséquent, de prendre réellement la nature sur le fait. Cet appareil est également applicable à la carte de visite. On a, par ce moyen, deux images qui permettent un double tirage. Quoiqu'un peu exiguë, la grandeur de cette chambre peut cependant suffire, à la rigueur, si l'on opère convenablement; on peut, d'ailleurs, la tenir plus grande de deux centimètres, et, dès-lors, elle est parfaite pour les cartes de visite aussi bien que pour le stéréoscope.

Moyen d'agrandir les images. — La Chambre noire Woodwards

La chambre Woodwards a été un des grands événements de l'année dernière dans le monde photographique. Est-ce la solution complète et définitive du plus difficile problème de l'optique appliquée à la photographie? Il y a lieu d'en douter, si l'on en juge par le petit nombre d'épreuves obtenues par cet appareil, et surtout par la valeur de ces épreuves, par les difficultés d'installation de cet appareil, etc., etc. Sans compter que son prix très-élevé n'en a encore fait jusqu'ici qu'un objet de luxe ou de curiosité, qui peut faire très-bien dans le laboratoire de l'homme opulent, mais qui ne saurait convenir aux modestes officines de la très-grande majorité des opérateurs. Nous dirons aussi que ce n'est guère encore qu'un objet de curiosité, par la multiplicité des conditions et de difficulté qu'il présente, pour être employé avec succès.

Cela dit, il faut reconnaître que cette invention repose sur l'idée éminemment ingénieuse de la coïncidence exacte du foyer de la lentille collective avec le centre de l'objectif composé. La glace est installée sous la face antérieure de la chambre noire, de telle sorte que l'image définie du soleil est exclusivement concentrée au centre de l'objectif, seul point qui voit réellement le soleil. Il en résulte que l'image qui se forme sur l'écran est produite uniquement par les rayons qui traversent le centre de l'objectif, à l'exclusion totale des autres, absolument étrangers à sa formation. L'objectif est ainsi réduit, de fait, à une ouverture aussi petite que l'image du soleil amenée à son centre, sans emprunter aucun secours à un diaphragme, qui utilise néanmoins, toute la lumière du soleil condensée en un seul faisceau et en un seul point, après avoir éclairé le négatif tout entier. C'est donc là une idée vraiment heureuse, et qu'il faudrait considérer comme une des plus grandes innovations qui se soient produites dans l'Art photographique, si, par suite même de l'excellence du principe sur lequel est basée la chambre de M. Woodwards, il ne fallait pas une précision absolue, une construction parfaite, une parfaite planimétrie du miroir réfléchissant, et une lentille collective entièrement achromatique. Joignez à tous ces inconvénients la nécessité d'opérer rapidement ou de faire conduire le miroir par un héliostat qui lui fera suivre le soleil dans ses déplacements. Quand on aura trouvé les moyens de remédier à toutes ces difficultés de mécanisme et d'opération, la chambre solaire de M. Woodwards touchera de bien près à la perfection, et sera le couronnement de l'art, déjà si merveilleux, des Niepce et des Daguerre.

Du Stéréoscope.

Le stéréoscope est une des plus admirables applications de la photographie. Ce petit appareil, inventé par M. Wheatstone et modifié par sir D. Brewster, est tellement connu que nous n'avons pas besoin d'en faire la description. Qu'il nous suffise de constater que sans le secours de la photographie, cet admirable appareil n'eût été qu'un simple instrument d'optique à l'usage des physiciens : en effet, aucun peintre n'a jamais pu et ne pourra jamais produire deux images identiques à deux reprises et de deux points de vue différents. Aussi s'est-on borné, pendant longtemps à des figures géométriques composées d'un petit nombre de lignes droites tracées à la ligne et au compas.

Pour obtenir des figures stéréoscopiques, deux appareils sont principalement en usage : l'appareil binoculaire, ou chambre noire composée de deux objectifs, et l'appareil monoculaire, ou chambre noire, munie d'un objectif seulement. Le premier de ces appareils est indispensable à celui qui veut obtenir et reproduire instantanément des vues animées. Le second ne peut être employé que pour le portrait. Chacun de ces appareils a, d'ailleurs, comme toutes choses, son revers de médaille. L'appareil binoculaire produit bien deux images du même coup, mais ces deux images ne sont point stéréoscopiques, car elles sont en creux. Il faut, pour obtenir le relief, leur faire subir un déplacement, ce qui nécessite des soins et du temps, chose toujours importante, surtout quand il s'agit d'un grand tirage. Toutefois, on peut remédier jusqu'à un certain point à cet inconvénient en faisant subir ce déplacement au cliché que l'on colle avec de la gomme arabique sur une autre glace, après cette opération.

La chambre monoculaire a cet avantage qu'elle donne des clichés stéréoscopiques qui peuvent être reproduits plus facilement. Mais comme il faut prendre les deux images à deux points de vue différents, c'est-à-dire à deux stations différentes, il n'est pas possible d'employer cet appareil à la reproduction de la nature en mouvement.

Il est bien évident que le relief donné par l'appareil monoculaire est un peu plus saisissant. mais cela ne suffit pas à compenser le défaut que nous avons signalé. Toute image, pour devenir stéréoscopique, doit être à 6 ou 7 centimètres de l'image symétrique. C'est la distance de l'écartement moyen des yeux qui doit être l'intervalle des deux images dans le stéréoscope.

Si l'on n'observe point ces principes, l'œil se fatigue en vain pour chercher l'effet, il perçoit deux images distinctes et ne reçoit pas l'impression du relief.

Si vous vous servez d'un appareil binoculaire, vous devez faire usage d'un petit calibre en glace de 6 à 7 centimètres, que vous avez soin de diviser, par une ligne au crayon, en deux parties égales. Cette ligne répond à celle que vous aurez tracée sur la glace dépolie, sur laquelle vous placez le sujet à reproduire, ou le personnage principal, si c'est d'un groupe qu'il s'agit.

Moyen de séparer les deux images obtenues par la chambre binoculaire et de les rendre stéréoscopiques.

Lorsque le cliché sera fait et verni, vous poserez le petit calibre sur le cliché, de telle sorte que la ligne médiane porte sur le personnage qui avait servi à la mise au point. (Nous supposons que vous commencez par l'image de gauche.) Tirez une ligne avec une pointe sur le vernis, et du côté gauche; reportez votre calibre sur l'image de droite; que la ligne médiane passe

aussi sur le même personnage ; tracez une ligne
à l'extrémité du calibre à droite ; faites passer
le diamant sur les deux lignes que vous venez
de tracer, détachez ces deux lisières, donnez encore un coup de diamant dans le milieu des
deux images, puis, séparez-les et portez celle de
gauche à droite.

Après cette opération, faite en vue de faciliter
le montage des épreuves positives, on colle sur
un verre, avec une solution de gomme épaisse,
les deux images rapprochées, et l'on a ainsi, par
un léger travail, le bénéfice de la chambre monoculaire.

Il suffit d'appliquer le grand calibre sur les
deux épreuves réunies au positif, puis de couper
à la pointe et sur un verre dépoli.

Des cuvettes.

Les cuvettes ou bassines destinées aux opérations photographiques peuvent être composées
de n'importe quelle matière : verre, terre cuite,
gutta-percha, etc. Celles en gutta-percha nous
semblent cependant préférables, parce que cette
substance ne se décompose point, n'est pas fra-
gile, et permet de tenir facilement les cuvettes
dans la plus grande propreté, ce qui est un point
essentiel. Il n'est guère possible, d'ailleurs,
d'avoir une cuvette profonde pour bain négatif
en une autre substance, parce que la couleur
brune de la gutta-percha laisse mieux apprécier
la couleur opaline du collodion, et que, de plus,
elle est parfaitement plane, conditions que la
porcelaine ne réunit pas toujours.

La photographie exige l'emploi de six cuvettes, savoir :

1° Pour bain d'argent négatif (cuvette profonde) ;

2° Pour bain d'argent positif (cuvette plate) ;
3° Pour bain de sel ;   id.
4° Pour bain d'or ;   id.
5° Pour bain d'hyposulfite ;   id.
6° Pour bain de lavages.   id.

Mais on peut se dispenser de tout cet attirail, quand on opère avec un petit appareil ; assiettès, plats, auges, sébilles, tout peut y suppléer quand il s'agit d'obtenir de petites épreuves.

Du châssis-presse positif.

Le châssis-presse positif, dont la plupart des opérateurs font encore usage, n'est nullement propre à remplir les conditions voulues pour aucun négatif, verre ou papier. Toute disposition qui ne permet pas de presser l'épreuve entre deux glaces parallèles est essentiellement vicieuse, quel que soit d'ailleurs le mécanisme appliqué. C'est pour obvier aux inconvénients de toute nature qui découlaient de l'imperfection de cet engin primitif que nous avions, il y a plus de deux ans, mis dans le commerce un châssis à double glace. Ce châssis, pour lequel nous avions pris un brevet, diffère essentiellement de ceux dont on se sert généralement ; il devrait être dans les mains de tous les opérateurs, puisqu'il est aujourd'hui dans le domaine public ; son seul défaut est d'être d'un prix trop élevé ; cependant il est tellement avantageux sous le rapport de la manœuvre et de la perfection des épreuves, que nous n'hésitons pas à conseiller aux opérateurs son emploi, à l'exclusion de tout autre.

Du laboratoire.

Tout réduit obscur, entièrement fermé à la lumière, peut devenir un très-bon laboratoire. Quelques planches à hauteur d'appui pour supporter les cuvettes et les châssis, une tablette supérieure pour les substances chimiques, voilà l'installation, sinon complète, du moins suffisante pour un opérateur.

La lampe ou la bougie nous semble encore le meilleur moyen d'éclairer le laboratoire; mais nous ne saurions trop recommander la plus grande prudence par rapport aux matières inflammables qui s'y trouvent réunies.

L'éther, l'alcool, le collodion, ne doivent y entrer que dans la quantité rigoureusement nécessaire à l'opération. En collodionnant la glace, l'opérateur se tiendra aussi loin que possible de la lumière, et s'abstiendra de toute modification ou mélange d'éther, de collodion, etc. Il ne touchera jamais aux châssis, aux cuvettes, aux flacons, etc., sans avoir d'abord lavé ses mains avec le plus grand soin, ce qu'il fera de même après chaque opération négative, ainsi que lorsqu'il fera des filtres ou qu'il touchera à ses papiers photographiques. Nous dirions volontiers que la photographie est une sorte de cuisine dont le mérite et le succès dépendent en grande partie de l'exquise propreté du cuisinier. On comprend, en effet, combien il importe que les substances photogéniques soient à l'abri de tout contact des agents réducteurs ou désiodants.

De la disposition de l'atelier de pose, et du mode d'éclairement.

Bien éclairer le modèle est une condition de réussite. L'éclairement venant du nord est le seul qui puisse donner un modelé convenable. En général, les opérateurs ne se rendent pas bien compte des moyens à employer pour placer le modèle dans les conditions les plus avantageuses d'ombre et de lumière; il est donc utile de faire connaître et de préciser les conditions indispensables à ce mode d'éclairement. Tout le monde ne possède pas une galerie vitrée, mais chacun peut établir facilement, improviser en quelque sorte un atelier de pose des plus convenables. A la campagne, dans une cour, dans un jardin, quatre pieux, une toile tendue au-dessus, un fond de couleur grise, deux rideaux latéraux mobiles, peuvent suffire. Placé dans cette espèce de guérite, le modèle pourra au gré de l'opérateur, être plus ou moins éclairé suivant son teint et le caractère de sa physionomie.

Dans tous les cas, on aura soin d'éclairer le modèle de manière à éviter les oppositions trop fortes d'ombre et de lumière, il faudra que le grand côté du trois quarts soit éclairé et que le petit côté soit dans la demi-teinte. Si l'on exposait le petit côté du trois-quarts à la lumière, l'ovale de la figure serait écrasé, le nez grossi, aplati et presque confondu avec la pommette de la joue.

Le portrait sera toujours très-difficile à bien

faire, et demande beaucoup de gout; quelques notions de dessin de la part de l'opérateur ne seraient certainement pas superflues. Il n'en est pas de même et la difficulté est beaucoup moins grande pour les reproductions de dessins comme pour la reproduction de la nature morte. La seule condition à remplir pour le paysage, c'est qu'il soit éclairé par un soleil oblique, et pour la reproduction d'une gravure, qu'elle soit parallèle à la chambre noire. Le paysage veut beaucoup de lumière, et la gravure un éclairement solaire perpendiculaire. Ces deux reproductions, paysage et gravure, doivent être faites par l'objectif simple diaphragmé et une chambre noire à grand développement ou au moins munie d'une rallonge conique antérieure.

Des couleurs des habillements comparées aux tons de la figure.

L'action chimique de la lumière blanche est proportionnelle à son intensité lumineuse; mais il n'en est pas de même de la lumière colorée : les couleurs les plus lumineuses n'exercent presque aucune action photogénique; les moins lumineuses sont extrêmement actives. Ainsi, les rayons rouges, orangés, jaunes, n'impressionnent pas la couche sensible, au lieu que les rayons bleus, indigo, violet, et la partie invisible du spectre, la décomposent instantanément. En d'autres termes, les trois couleurs les plus brillantes de la palette sont, au contraire, en photographie, les trois couleurs ternes, et réciproquement, les trois couleurs ternes de la peinture sont les couleurs les plus brillantes pour la Photographie.

Le blanc, réunion de toutes les couleurs, exerce une action très vive; le noir, ou l'absence de la lumière, n'agit point sur la couche sensible; le jaune, l'orangé, etc., sont des couleurs inertes.

Si le modèle a une carnation éclatante, et qu'il soit habillé de couleurs ternes, il sera difficile, sinon impossible, d'obtenir des résultats satisfaisants, des rapports de ton convenables. La figure sera peut-être déjà solarisée, que les habits seront encore à l'état d'ébauche. Pour sauvegarder l'harmonie des tons avec une figure blanche, il faut, autant que possible, des habits de couleur photogénique.

Il ne faut pas seulement tenir compte de la couleur des étoffes, mais encore de leur nature; telle figure, quel que soit son éclat, pourra venir à point, si le vêtement de la personne est en étoffe de soie brillante, quoique de couleur antiphotogénique.

On peut encore amoindrir les oppositions trop fortes entre la figure et les vêtements, au moyen d'un petit écran de carton noir de la forme et de la grandeur du masque. Cet écran est soutenu par une petite baguette noire qu'on agite devant le visage pendant les derniers instants de la pose. L'action lumineuse se trouvera ainsi réduite au degré désirable afin que les habits posent un temps plus long, dans le rapport de trois à deux.

Il y a encore une considération importante à

envisager. Nous voulons parler de la longueur relative de la pose. Plus la pose est prolongée, plus l'image tend à s'affaiblir. Partant de ce principe, si un cliché est mal venu, s'il y a trop d'opposition, on peut en conclure que le temps de la pose a été trop court. Donc à mesure que la pose se prolonge, les oppositions s'affaiblissent, à ce point que l'excès de pose aboutirait à la plus insipide uniformité de ton.

Cette règle est particuliérement à observer quand on veut obtenir une grande harmonie dans la reproduction d'un paysage dont les contrastes tranchés pourraient faire douter de la réussite. Ainsi, des fabriques blanches dans des masses de verdure sont, pour le paysagiste, des causes d'insuccès. Il faut alors ne pas trop se préoccuper des parties blanches et donner à la pose tout le temps voulu pour obtenir le détail du dessin des masses de verdure ; on est presque sûr ainsi d'éviter l'écueil que nous signalons.

Portrait, paysage, reproduction, tout est soumis à cette loi : pose relativement longue, durée proportionnelle aux oppositions tranchées.

Du Coton soluble.

Le coton préparé pour la Photographie n'est pas du tout dans les mêmes conditions que le coton-poudre ; on le nomme coton-soluble parce qu'il est, en effet, peu balistique. S'il était préparé de façon à produire un pyroxyle fulminant, il serait très peu soluble dans l'éther le plus fortement alcoolisé. Le coton-soluble est d'une fabrication simple et facile, à la portée de tous les opérateurs.

Manière d'obtenir le coton soluble.

Sous le manteau d'une cheminée de laboratoire, ou en plein air, mettez dans un vase en porcelaine ou en verre :

Acide sulfurique pur. . . . . . 3 parties.
Azotate de potasse desséché. . 2 —

Remuez avec un agitateur, de façon à bien mélanger ; plongez, par pincée, dans ce mélange, du coton en carde pur et sec, un peu moins que le liquide n'en peut contenir ; complétez l'immersion avec l'agitateur, prolongez ce mélange pendant huit ou dix minutes; enlevez la masse, toujours avec l'agitateur, et plongez-la dans l'eau distillée ; lavez et relavez soigneusement avec de l'eau souvent renouvelée, jusqu'à ce que le liquide ne présente plus de réaction sur le tournesol, et terminez l'opération en pressant le coton entre deux feuilles de papier buvard ; puis, faites sécher à l'abri de la poussière.

Lorsque le coton azotique est complétement sec, il faut l'enfermer soigneusement dans un bocal afin qu'il soit à l'abri du contact de l'air. Mais il est mieux encore de le faire dissoudre immédiatement, afin d'en obtenir de bon collodion normal.

Collodion normal.

Formule de cette dissolution.

Éther à 56°. . . . . . 100 grammes.
Coton azotique. . . . 3 —

Agitez et laissez reposer.

Vingt-quatre heures après, le coton ne sera pas encore dissous, il sera seulement désagrégé ; pour compléter la dissolution, il faut ajouter peu à peu, et en agitant le vase, de l'alcool de vin à 40°, jusqu'à ce que la dernière fibrine soit dissoute. Nous nous abstenons à dessein de donner la quantité d'alcool nécessaire à la dissolution complète, car un coton parfaitement réussi peut n'exiger qu'une très-faible quantité d'alcool, tandis qu'un coton vieux ou moins bien réussi, demande vingt-cinq ou trente pour cent d'alcoolisation.

Le collodion normal se conserve fort longtemps ; il n'acquiert même toutes les qualités qui le rendent propre aux opérations photogéniques qu'après quelques semaines de repos, pendant lesquelles le chimiste doit avoir soin d'agiter le mélange pour aider à la dissolution.

Le collodion résulte donc de la dissolution du coton soluble dans l'éther alcoolisé ; c'est un liquide de couleur ambrée, de consistance sirupeuse, qui, en se desséchant, devient insoluble et imperméable. Cette imperméabilité l'a fait adopter par la chirurgie pour couvrir les plaies, qui sont ainsi complétement à l'abri du contact de l'air.

Du collodion photogénique.

Tous les iodures sont propres à la photogénie, mais on n'est pas encore bien fixé sur leur mérite comparatif. Il est évident que chacun de ces iodures a sa valeur particulière, mais leurs différentes qualités sont encore l'objet de tant de controverses qu'il serait difficile, sinon impossible, de déterminer rationnellement une préférence quelconque à cet égard.

Un mélange de bromure et d'iodure facilite la photogénie, moins peut-être, comme on l'a prétendu, parce qu'il augmente la sensibilité de l'iodure d'argent, que parce qu'il désagrége la couche du collodion qui, par cela même, devient plus perméable à la lumière et aux agents révélateurs.

En effet, il nous est bien démontré que si l'iodure de potassium est celui de tous qui donne les résultats les plus satisfaisants et les plus constants, c'est qu'il s'incorpore au collodion, sans rien oter à sa cohésion et à sa ténacité, ce qui fait aussi qu'il est moins sensible à la lumière. De longues et fréquentes expériences nous ont convaincu que le collodion qui répond le mieux à toutes les exigences, soit pour la reproduction, soit pour le portrait, soit pour le paysage, est celui qui fait le sujet de la deuxième formule de nos *causeries*. Nous avons, depuis, modifié cette formule, en substituant l'éther à l'alcool, toujours impur et trop souvent de provenance tout autre que le vin. Avec l'éther ioduré, le collodion ne se trouble plus, et il suffit de quelques secondes pour que le mélange soit intime, et qu'il puisse être immédiatement employé.

Quant à sa durée inaltérable, nous en avons des preuves certaines. Après cinq mois de voyage, et à travers des chaleurs tropicales, plusieurs de nos clients ont obtenu les plus belles images en un temps de pose presque instantané. Depuis plus de deux ans que nous avons découvert ce moyen de préparation, nous n'avons reçu que des éloges de tous nos collodions expédiés, soit en Espagne, soit en Amérique. Ni le climat ni le temps n'ont en rien altéré leurs propriétés.

Toutefois, et pour donner aux opérateurs, les moyens d'employer les iodures qu'ils possèdent, nous ferons connaître quelques formules de liqueurs génératrices propres à rendre le collodion photogénique.

Liqueur génératrice à l'iodure de potassium.

Première formule.

Dans un mortier de verre ou de porcelaine, mettez :

Iodure de potassium. . . . . 5 grammes.
Alcool de vin à 36°. . . . . 100 c. c.

Porphyrisez avec soin, mettez en flacon, agitez pendant quelques instants, laissez déposer, et filtrez deux ou trois jours après.

Collodion photogénique suivant la première formule.

	Centim. cubes.
Collodion normal dense.	40
Éther à 56°.	40
Liqueur génératrice.	20

Agitez le flacon, laissez reposer pendant une ou deux heures, filtrez en décantant ou décantez avec le plus grand soin.

2.

Généralement, le collodion normal possède une densité variable qui permet, dans tous les cas, l'addition d'éther à 56°. Toutefois, nous ne prétendons pas, en ce qui concerne la fluidité et l'ioduration, déterminer un dosage rigoureux. Nous dirons même que très-souvent l'on sera obligé d'augmenter la dose d'éther ou celle de collodion normal suivant que la couche de collodion photogénique sera trop fluide ou trop épaisse, ou bien encore trop chargée d'iodure. Ce sont là de ces appréciations qu'il faut réserver à l'œil et à la sagacité de l'opérateur. On peut toujours remédier au manque d'ioduration en ajoutant quelques grammes de liqueur génératrice au collodion qui, dans le bain d'argent, n'aurait pas pris cette teinte opale diaphane, caractère distinctif d'un collodion convenablement ioduré, et qui doit lui faire atteindre son maximum de sensibilité.

Liqueur génératrice au bromure de cadmium.

Deuxième formule.

Porphyrisez avec le même soin que pour la première formule, et faites le mélange suivant :

Iodure de potassium.	4 gr.
Iodure d'ammonium..	1 —
Bromure de cadmium.	2 —
Alcool de vin à 36°.	100 c. c.

Agitez le flacon pendant quelques instants, laissez déposer pendant vingt-quatre heures, puis filtrez.

Collodion photogénique suivant la deuxième formule.

	Centim. cubes.
Collodion normal.	40
Ether à 56°.	40
Liqueur génératrice.	18 ou 20

Presque toujours ce mélange prend une couleur laiteuse et opaque, qui persiste pendant vingt-quatre heures. Il se fait un dépôt quelquefois assez abondant; il faut alors filtrer en décantant avec soin.

Le collodion résultant de cette formule est très-propre à la reproduction des contrastes; il se conserve longtemps sans altération très-sensible; mais comme il est moins parchemineux que le collodion à l'iodure de potassium seul, il est, par cela même, plus facile à s'érailler sous l'action du châssis-presse pendant la reproduction; il est bon de le protéger par un vernis.

Collodion à l'éther ioduré.

Deuxième formule.

Le collodion à l'éther ioduré est, sans contredit, le plus stable dans ses excellents résultats. Des expériences comparatives nous ont prouvé la supériorité de l'éther ioduré sur tous les alcoolats, quel que soit, d'ailleurs, l'iodure employé. Aujourd'hui surtout que l'alcool de betterave a pris la place de l'esprit de vin, le collodion préparé à l'alcool ne peut rester neutre; il rougit bientôt, et se décompose sous l'action des acides sorbique, malique, etc., que renferment les alcools de fécule.

	Centim. cubes.
Collodion normal.	30
Éther à 56°.	30
Éther ioduré.	30

Il y a lieu de faire ici les mêmes remarques que pour les précédentes formules.

La température influant sur les liqueurs génératrices, ce dosage ne peut être considéré comme rigoureux. On pourra, si l'on destine le collodion à des positifs directs, diminuer la quantité d'éther ioduré afin que le collodion, moins sensible, soit dans des conditions voulues pour ce genre d'épreuves.

Le bain d'argent n'a pas à redouter la différence des bases des iodures divers qui sont entrés dans la composition des collodions qu'il a sensibilisés.

L'opérateur peut donc passer impunément d'un collodion à un autre sans être obligé de changer son bain d'argent.

Troisième formule.

PREMIÈRE SOLUTION.

Alcool de vin à 36°. . . .	100 c. c.
Iodure de cadmium. . . .	5 g.

DEUXIÈME SOLUTION.

Alcool de vin à 36°. . . .	100 c. c.
Bromure de cadmium. . .	4 g.

Lorsque ces deux solutions sont faites, déposécs et décantées ou filtrées, enfermez-les dans un même flacon.

Collodion photographique d'après la troisième formule.

Collodion normal. . . . . . .   40 c. c.
Éther.   40
Liqueur de la troisième formule.   18 ou 20

Cette dernière formule, comme celle de l'éther ioduré, a l'avantage de maintenir le collodion photogénique dans toute sa limpidité, ce qui permet à l'opérateur de l'employer immédiatement après sa préparation. Du reste, tous les iodures peuvent donner de bonnes épreuves quand ils entrent dans la composition du collodion en quantité convenable ; ils forment alors, au contact du bain d'argent, la proportion d'iodure d'argent nécessaire à une sensibilité parfaite. Seulement, comme chaque iodure contient une quantité d'iode différente, et que c'est bien évidemment à l'iode qu'est dû le résultat de la couche sensible, il faut mesurer l'iodure, non pas d'après son poids, mais en raison de la quantité d'iode qu'il renferme.

Qu'il nous soit permis de rappeler ici, à ce propos, que nous avons été le premier opérateur qui ait donné à la solution d'alcool ioduré son vrai nom de liqueur *génératrice*, et non pas celui de *sensibilisatrice*, qui ne suffisait pas à en exprimer toute la puissance. L'iode est, en effet, le seul corps générateur de l'image, que ne sauraient produire seuls et sans son secours les bromures ou le nitrate d'argent. L'épithète *ins tantané*, appliquée à certain collodion, est une espèce de non sens, car tous les collodions possibles sont naturellement instantanés s'ils ont été faits dans les conditions voulues d'iodure, et s'ils sont employés dans des conditions convenables de lumière. Il y a pourtant des préparations spéciales qui donnent aux collodions, déjà parfaits, une telle sensibilité, que cet excès de qualité devient presque un défaut. Cette surabondance de sensibilité se tempère en ajoutant de l'acide acétique au bain d'argent. Ces moyens de préparation sont les réducteurs introduits dans le collodion; c'est ainsi, par exemple, qu'une *trace de tannin* dans 2 ou 300 grammes de collodion ioduré lui donne une sensibilité excessive, mais avec tous les inconvénients qui résultent de cet excès de sensibilité; si bien que nous ne craignons pas de dire que le remède est souvent pire que le mal. Du reste, chacun peut faire l'expérience de ce fameux collodion instantané, si vanté et de si haut prix, et dont presque tout le mérite, à nos yeux, est de coûter beaucoup plus cher que les autres; ce qui est, on en conviendra, un mérite fort négatif.

Disons, avant de clore ce chapitre, que de tous les collodions, celui qui nous a donné les plus beaux clichés est le collodion mixte, formé, en parties égales, du collodion à l'alcool (2e formule) et du collodion à l'éther ioduré (même formule). C'est le collodion que nous adressons le plus volontiers à nos clients, sûr que nous sommes qu'il donne aussi bien de bons clichés que de très-belles épreuves positives directes.

Du Collodion sec.

On appelle collodion sec celui qui est destiné à recevoir les images loin du laboratoire, et qui conserve plus ou moins longtemps sa sensibilisation. Plusieurs moyens peuvent être employés pour obtenir ce résultat, tels que l'hydromélite, les sirops, la gélatine, les mucilages de toutes sortes. Toutefois, le procédé Taupenot et le collodion à la résine n'étant pas, comme les autres, destinés à conserver la couche humide, nous paraissent mériter seuls la dénomination de collodion sec. Chaque opérateur en a, du reste, imaginé et *confectionné* au moins un, auquel il n'a pas manqué de donner, non-seulement un brevet de perfectionnement, mais même un brevet de perfection. Ces divers procédés, exclusivement exaltés par leurs auteurs, ont donné lieu à d'assez vives polémiques. On a très-longuement discuté les questions de savoir s'il convenait de mettre de la résine dans le collodion, de le faire dense sans alcool ou avec excès de ce liquide, lequel des deux collodions, parchemineux ou pulvérulent, méritait la préférence. Toutes ces controverses sont restées à peu près sans issue, et l'amour-propre des auteurs est venu les compliquer de manière à les embrouiller de plus en plus, sans compter que la question de priorité a dû plus d'une fois passionner et envenimer le débat. Quant à nous, notre opinion, basée sur notre expérience, est que tous ces procédés sont fort bons entre des mains habiles, et qu'ils ont dû à peu près également échouer tous lorsqu'ils ont été mis en usage par des opérateurs novices qui ne savaient pas remédier aux inconvénients qui pouvaient se présenter. Cela ne veut pas dire pourtant que nous n'accordions pas une supériorité relative à l'un d'entre eux. Nous donnons la préférence au collodion *résiné*, comme procédé facile et peu embarrassant. Seulement, ce collodion se conserve très-peu, et il faut le faire presque au moment de l'employer. Les glaces ainsi préparées doivent être presque aussitôt mises en œuvre ; au bout de quelques jours, les épreuves qu'on en peut obtenir sont très-médiocres.

Du Bain d'argent négatif

On préfère généralement, pour le bain d'argent négatif, l'azotate d'argent fondu à l'azotate d'argent cristallisé, parce que l'on pense avec raison qu'il est alors plus pur et moins acide. Cependant, il y aurait un double inconvénient à employer exclusivement le nitrate d'argent fondu, il est mieux de mêler, à doses à peu près égales, le nitrate cristallisé et le nitrate fondu. Un bain composé de la sorte, et proprement fait, donnera, pendant plusieurs jours, des épreuves qui ne laisseront rien à désirer. Nous insistons tout particulièrement sur la propreté avec laquelle il est nécessaire de présider à cette importante opération, parce que l'altération des bains d'argent négatif, par les matières organiques, est une des causes les plus fréquentes des échecs que peuvent éprouver les Photographes. Cette propreté est, en même temps, la cause et

la condition du plus ou moins de durée des propriétés du bain d'argent. Rien, on le sait, n'est
plus susceptible que ce bain, dont les effets va-
rient par l'introduction de la moindre matière
étrangère. Il suffit d'un grain de poussière de
pyrogallique pour en changer la nature, d'une
goutte d'hyposulfite ou de cyanure pour en pa-
ralyser complétement l'effet, et quand on songe
que les réducteurs, les désiodants, etc., sont
constamment mêlés aux collodions, aux bains
et à toutes les substances photogéniques, on conçoit qu'il ne faut pas moins qu'une propreté
absolue pour éviter tous ces écueils.

Les effets, toujours visibles, de la présence
d'un corps étranger dans le collodion sont,
avons-nous dit, très-variés : tantôt ils se mani-
festent par des taches transparentes, tantôt par
une iridescence particulière de la couche ; d'autres fois, par un trouble, une opacité, une couleur singulière du collodion, qui affecte parfois
un aspect sablé, etc. Ce sont là autant d'obstacles qui font le désespoir des opérateurs peu soigneux, qui ne savent souvent pas à quoi attribuer la cause de leur insuccès.

Une cause non moins fréquente des déceptions
qui découragent tant d'amateurs et de débutants,
c'est la mauvaise constitution chimique du bain
d'argent. Nous nous expliquons :

Les belles épreuves tiennent à certaines proportions qui doivent être maintenues entre l'iodure et l'azotate d'argent. Ces proportions constituent, en quelque sorte, des équivalents photogéniques tout à fait différents des équivalents

chimiques, car les lois de ces derniers ne suffiront pas pour obtenir l'iodure d'argent photographique, il faut encore qu'il soit formé avec excès donné de nitrate d'argent. En effet, quand l'iodure générateur domine, la couche sensible est blanchâtre, tandis qu'elle est un peu jaune lorsque la double décomposition est exacte, et un peu grise quand les bases sont en excès et quand le collodion est vieux.

Si, avec un collodion fortement ioduré, on emploie un bain faible, la couche impressionnable est un peu opaque, le cliché n'est pas *limpide*, et l'épreuve est *couverte*.

Au contraire, avec un bain assez fort pour supporter un collodion fortement ioduré, la sensibilité est doublée, le cliché est translucide, les blancs sont en pleine vigueur, et les ombres sont parfaitement *fouillées*.

Enfin si le bain est trop fort, quelle que soit l'iodoration du collodion, la couche, iodurée instantanément, disparaît presque aussitôt, en partie ou totalement, suivant l'excès de force de ce bain. A 12 ou 15 0/0, il commence à enlever, sur les bords, l'iodure formé : de 15 à 18, il le dissout entièrement.

Il serait facile de se maintenir dans les proportions moyennes, s'il suffisait de doser convenablement les liquides, et c'est ce qui a lieu quand on fait usage d'un collodion et d'un bain neufs. Les collodions, en vieillissant, perdent leur éther et se chargent d'iodure, les bains s'appauvrissent, se concentrent et se chargent des bases des iodures, et c'est là encore une des causes les plus actives de l'insuccès des opérations.

Il faut aussi tenir compte de la variabilité de concentration du bain et du collodion, qui fait varier également les conditions du succès. Il y a déjà cinq ans que nous avons écrit que, pendant les chaleurs, il fallait tenir les collodions moins iodurés et les bains plus faibles. Dans tous les cas, comme dans tous les temps, d'ailleurs, il faut s'appliquer à reconnaître si l'on est bien dans ces conditions moyennes, et dans ces proportions voulues que nous avons appelées *équivalents photogéniques*. Cette application est d'autant plus nécessaire, qu'il est des circonstances qui exigent une proportion un peu au-dessus ou un peu au-dessous de la moyenne, et qu'un opérateur intelligent peut seul déterminer.

Le collodion photogénique que nous expédions est toujours dans les mêmes proportions, et ce collodion, dans notre bain composé et tenu dans une moyenne proportionnelle, se comporte toujours de même. Or, si les photographes qui le reçoivent ont un bain d'argent convenable, nous recevons des éloges ; mais, dans le cas contraire, on s'en prend au collodion, qui *ne vaut rien*. Nous insistons sur ce point, afin que l'opérateur prenne bien toutes ces précautions avant de rejeter tous ses déboires sur le collodion, quand, le plus souvent, c'est à son bain seul qu'il doit les attribuer.

Du bain d'argent positif — Papier.

Ce bain n'exige pas les mêmes soins que le précédent. Il suffit de le maintenir à un degré de 10 à 20 %, et de le filtrer au moment d'en faire usage, dans une cuvette parfaitement propre ; autrement, il se formerait à la surface du papier une sorte de dessin moiré ou jaspé. Si le bain a déjà servi à sensibiliser des papiers albuminés, il faut, avant de remettre le bain dans le flacon, introduire dans ce vaisseau environ 50 grammes de kaolin, agiter et laisser déposer. On filtrera ensuite en décantant avec soin ; on mettra le dépôt aux résidus, puis on enrichira le bain de 80 à 100 grammes d'eau, contenant 5 ou 10 grammes de nitrate d'argent.

Il est bon d'user de toutes ces précautions, sinon tous les jours, au moins lorsque le bain positif a pris une couleur rougeâtre résultant d'un dépôt albumineux. L'albumine, quel que soit son degré de coagulation, laisse toujours échapper des corpuscules organiques qui rougissent le bain. Du reste, le bain qui sert au papier albuminé se maintient avec d'autant plus de persistance, dans son état de pureté, qu'il contient une plus grande quantité d'argent. Dans son état de concentration, il coagule si complétement l'albumine que, tant qu'il reste dans cet état, pas un atôme d'albumine de peut se dissoudre. Par la même raison, plus le bain est faible, plus il dissout d'albumine, et plus vite il s'empreint de cette coloration. Nous avons vu des papiers albuminés abandonner entièrement leur albumine dans le bain d'argent, parce que ce bain était beaucoup trop faible. Le même effet aurait lieu si le bain était ammoniacal.

Les opérateurs, surtout les moins expérimentés, sont toujours portés à croire qu'ils ont été trompés sur la qualité des substances qu'on leur a livrées. Cela peut bien être quelquefois ; mais bien souvent aussi l'opérateur ferait bien mieux de ne s'en prendre qu'à lui-même, et de s'ingénier sur les meilleurs moyens de mettre en œuvre ces substances, qu'il n'accuse que pour se justifier à ses propres yeux. Quant à nous, qui, par nos travaux, sommes obligés d'essayer tous les produits que nous mettons en circulation, nous savons à quoi nous en tenir sur la valeur de ces reproches et de ces accusations, qui ne peuvent nous atteindre. Les mêmes substances, qu'un amateur, qui n'a pas encore eu le temps ni la patience voulue pour devenir habile, est tenté de croire très-mauvaises, nous valent les plus grands éloges de la part de ceux qui connaissent *la manière de s'en servir*. Nos produits, employés sagement et habilement, donneront toujours les résultats que nous en obtenons nous-même.

Des agents révélateurs.

L'acide pyrogallique et le sulfate de fer sont les deux agents révélateurs le plus généralement employés. Auquel des deux peut-on accorder la préférence? Chacun d'eux a ses partisans exclusifs, et les opérateurs qui se servent de l'un semblent n'avoir pour l'autre que le plus grand dédain. Ces engouements sont erronés dans les deux cas; la vérité est qu'il y a des circonstances où il convient de choisir celui-ci plutôt que celui-là, et réciproquement; et parfois même de les alterner. On peut tirer un plus grand parti de l'agent révélateur en variant les proportions des éléments qui le constituent. Là encore, c'est l'intelligence de l'opérateur qui doit déterminer, selon les cas, toutes ces différences et toutes ces combinaisons, et c'est aussi pourquoi la Photographie, qui est déjà un art, et presqu'une science entre les mains de quelques-uns, ne sera encore bien longtemps qu'un simple moyen de reproduction entre les mains du plus grand nombre.

Précisons le rôle de ces agents : S'il s'agit de faire des images positives directes sur verre, il importe peu de se servir, comme réactifs, du fer ou du pyrogallique, car l'un et l'autre peuvent donner d'excellents résultats; mais si l'on veut transporter ces images positives sur papier ou sur toile, il faut alors employer la solution d'acide pyrogallique, qui a l'avantage de laisser à la couche du collodion sa qualité cohésive, tandis que le sulfate de fer la désagrége, la transforme en un dépôt pulvérulent, et s'oppose ainsi à tout transport.

Par contre, il est bon d'avoir recours au sulfate de fer pour développer l'image toutes les fois que les oppositions sont trop fortes dans le mode d'éclairement, comme lorsqu'on opère dans un endroit mal disposé pour la lumière, ou en hiver, par un temps brumeux. Dans ces conditions défavorables, il eût fallu une pose relativement longue si l'on eût choisi l'acide pyrogallique, et peut-être même que l'image eût été un peu heurtée.

Par la même raison, en été, dans les pays et dans les temps à lumière blanche, l'acide pyrogallique est incontestablement préférable, car alors il faut ombrer vigoureusement et employer une solution un peu forte pour obtenir les oppositions qui donnent le relief, ce qu'on ne peut guère espérer du sulfate de fer. Du reste, si ce dernier réactif exige moins de lumière et un temps relativement moindre pour la pose, il laisse toujours à désirer sous le rapport de la vigueur, et l'on arrive rarement au point voulu sans le secours de l'acide pyrogallique et de la solution d'argent. De même aussi, dans toute reproduction à contrastes, velours, cheveux, barbes noires ou rouges, etc., le sulfate de fer peut rendre des services qu'on attendrait vainement de l'autre réactif.

Une série d'expériences comparatives nous engage à présenter comme la meilleure solution celle qui est faite dans les conditions suivantes :

10 Sulfate de fer.

100 Eau.

De 3 à 10 %, la différence est peu appréciable, et l'image vient toujours très-belle. Quant aux acides, nous croyons qu'il n'en faut d'aucun genre, ni végétal ni minéral ; ils nous ont toujours amené des taches, des réductions métalliques. La présence de l'acide végétal se traduit par des noirs trop translucides. Quel que soit, d'ailleurs, le réactif qu'on ait adopté, la solution doit être faite dans les conditions que nous avons indiquées, c'est-à-dire faible en hiver et forte en été. Dans tous les cas, il est toujours mieux de développer lentement l'image afin de ne pas métalliser les blancs avant la venue complète des ombres. Cette observation est particulièrement applicable à la solution du pyrogallique qui, en hiver, donnerait presque toujours des clichés heurtés. Nous terminerons cette causerie sur les révélateurs en disant qu'à moins d'être salis par un désiodant, ils fonctionnent toujours très-régulièrement, et qu'il n'est nullement besoin, pour qu'il en soit ainsi, d'employer l'eau distillée pour les préparations, et nous résumons toute notre pensée à leur égard en ajoutant et en répétant que leur pouvoir réducteur est d'autant plus grand qu'ils contiennent moins d'acide, et qu'ils produisent des clichés d'autant moins heurtés qu'ils sont plus faibles ; enfin, qu'ils ne possèdent aucun pouvoir réducteur sans le concours du nitrate d'argent.

Solution désiodante.

Depuis la découverte de la Photographie, l'hyposulfite de soude a été à peu près exclusivement employé pour dissoudre les iodures et les chlorures d'argent impressionnables qui demeurent inaltérés même après leur exposition à la lumière.

La solution d'hyposulfite concentrée n'a aucune action sur l'iodure décomposé ; le négatif n'a donc rien à craindre de son action plus ou moins prolongée, et c'est pourquoi c'est la seule solution désiodante qu'il convient d'employer pour les épreuves négatives.

Mais lorsqu'il s'agit de désiodurer un positif direct, il faut plutôt employer le cyanure de po-

tassium , dont l'action est beaucoup plus énergique; il dépouille mieux l'épreuve de tout l'iodure libre, et, en même temps, il lui donne plus
de transparence dans les ombres et plus d'éclat
dans les lumières, en formant, par sa décomposition chimique, un cyanure d'argent.

Combiné à l'iode , cette dernière substance
étant dans des proportions atomiques, le cyanure
donne aux positifs directs une beauté remarquable; mais cette solution , dont nous n'avons
pu encore formuler le dosage, offre le plus grand
danger pour l'épreuve, qui peut entièrement
disparaître, après quelques tâtonnements mal-
heureux , tant ce dissolvant est énergique. L'o-
pérateur qui peut réussir à doser doit s'attendre
à des effets surprenants.

[illegible] [illegible] [illegible] [illegible]
[illegible] [illegible] [illegible] [illegible]
[illegible] [illegible] [illegible]
[illegible] [illegible] [illegible] [illegible]
[illegible] [illegible] [illegible]
[illegible] otia sine [illegible] sine [illegible]
[illegible] [illegible]
[illegible] [illegible] [illegible]
[illegible]
[illegible] [illegible]
[illegible] [illegible] [illegible] [illegible]
[illegible] [illegible]
[illegible] [illegible] X [illegible]
[illegible] [illegible] [illegible]

MANUEL OPÉRATOIRE

Négatifs sur collodion

DÉCAPER LA GLACE.

La glace peut être décapée de plusieurs manières. Si elle n'a point encore servi, l'ammoniaque pure est le liquide le plus convenable au décapage ; si c'est une glace en service et qu'il s'agit de nettoyer, l'acide azotique pur ou faiblement mouillé sera préférable.

Dans le premier cas, un tampon de linge propre, imbibé d'ammoniaque, et promené sur la surface de la glace jusqu'à ce que tout aspect graisseux ait disparu, doit suffire ; on termine l'opération en frottant avec un nouveau tampon sec et propre, exclusivement destiné à cet usage ; la vapeur de l'haleine condensée sur la glace devra offrir une couche homogène d'un gris perle, sans taches ni rayures. L'opération est la même dans le second cas, si ce n'est qu'il faut d'abord que la glace ait subi un premier lavage à l'acide et un second à l'eau avant d'être traitée à l'ammoniaque.

Si la glace est mal décapée et qu'elle accuse quelques taches produites par la buée, il devient inutile de continuer le séchage ; il faut reprendre le tampon mouillé d'ammoniaque et décaper de nouveau.

Les glaces parfaitement décapées et séchées enfermées dans une boîte, se conservent pendant plusieurs jours sans altération. Elles finissent, cependant, par se charger d'un limon atmosphérique, d'une espèce de corps gras ; il faut alors les décaper de nouveau.

Bain d'argent négatif.

Eau distillée. . . . . 400 c. c.
Nitrate d'argent. . . . . 24 gr.
Laissez dissoudre, puis ajoutez :
Collodion photogénique. . . . . 15 c.c.

L'addition du collodion dans le bain d'argent a pour but de lui donner promptement les qualités qu'il ne pourrait acquérir qu'après la sensibilisation de sept à huit glaces. Un bain neuf, un bain neutre, donnent quelquefois un cliché voilé, noirâtre ; mais quelquefois aussi, le bain neuf donne un résultat superbe. On peut donc se dispenser d'abord de l'addition du collodion, on y aura recours si le bain ne fonctionne pas régulièrement.

On doit enrichir le bain d'argent, après la préparation, de dix ou douze glaces. A cet effet, on ajoute, au bain de service, une solution nouvelle, faite dans la proportion de sept pour cent. Le bain destiné à faire des positifs directs doit être dans la proportion de dix pour cent.

La plus grande propreté doit présider à toutes les opérations de la photographie, mais surtout en ce qui concerne le bain d'argent et le collodion. Une glace mal décapée, des doigts sales, un atome d'hyposulfite, d'acide pyro-gallique, etc., sont autant de causes qui font avorter toutes les opérations.

L'hyposulfite, le cyanure de potassium, sont de véritables poisons pour les bains d'argent et les collodions. L'opérateur ne saurait prendre trop de précautions, pour que ces substances hostiles, qui se touchent presque dans le laboratoire, ne puissent se mettre en contact.

Agent révélateur.

Acide acétique. . . 3 gr.
Eau distillée. . . . 100 } 1re solution.
Acide pyro-gallique. 0,5
Eau distillée. . . . 100 } 2me solution.
Nitrate d'argent. . . 2

La solution d'acide pyro-gallique employée seule sur la couche du collodion humide fait apparaitre l'image sans le secours de la solution d'argent. Cette seconde solution est employée en mixtion avec la première, pour rendre plus vigoureuse l'image considérée faible.

Autre agent révélateur.

Sulfate de peroxyde de fer. . . 5 gr.
Acide acétique. . . . . 5 c. c,
Alcool. . . . . 5 —
Acide sulfurique. . . . . 1 —
Eau distillée. . . . . 100 —

Ce révélateur, que quelques praticiens s'obstinent à regarder comme le seul capable de donner à l'image la douceur, la finesse, la fermeté, la profondeur, etc., n'est, en réalité, qu'un agent très-actif, il est vrai, mais ne possédant aucune des qualités qu'on lui attribue. C'est un réactif très-énergique, dont la métallisation laisse toujours à désirer, sous le rapport du relief et de la finesse. Ce n'est pas sans motif que nous avons dit, il y a déjà longtemps, que la seule qualité de cet agent était de réduire presque au même ton les couleurs diamétralement opposées ; c'est pourquoi nous l'avons conseillé dans le cas où l'on aurait à reproduire les extrêmes opposés.

Agent fixateur.

Eau ordinaire. . . . . 300 c.c.
Hyposulfite de soude. . . . 150 gr.

Autre agent fixateur.

Eau distillée. . . . . . 100 gr.
Cyanure de potassium. . . 4 —

Avant de collodionner la glace et de la sensibiliser.

En entrant dans le laboratoire, les diverses solutions, dont nous venons de donner les formules, doivent être préparées et mises en ordre, versées dans les cuvettes, etc. En un mot, tout ce qui est nécessaire aux opérations doit être sous la main de l'opérateur. Papier joseph, papier buvard, etc., pinceaux, crochets, etc., doivent être réunis pour concourir à la prompte et facile exécution du cliché.

1re *opération*.

Prenez horizontalement un angle de la glace avec la main gauche ; enlevez la poussière avec le pinceau, versez le collodion, en petit filet continu, sur l'angle opposé et à trois centimètres des bords ; faites, en même temps, un léger mouvement de la main gauche, pour attirer le collodion, d'abord, vers le corps, puis, vers le pouce, mais sans qu'il vienne le toucher, et, enfin, vers la tranche gauche de la glace jusqu'à l'angle opposé, pour le rejeter vers l'angle droit. Présentez le flacon sous cet angle, et recevez le collodion en excès. La main gauche ne doit point précipiter le collodion, mais seulement lui imprimer régulièrement la pente nécessaire, sous peine d'avoir une couche moutonnée. Pour éviter les rides, il suffit, aussitôt que le collodion a cessé de couler, de changer la position de la glace ; si, par exemple, le collodion prenait son issue par l'angle droit, et que, pendant que tombe la dernière goutte, la main qui tient la glace ne l'inclinât pas sur la tranche gauche, vous auriez des rides diagonales, de gauche à droite ; si vous avez posé cette tranche sur du papier buvard, qu'elle mouille d'abord, vous pourrez la plonger dans le bain lorsqu'elle ne fera plus de tache sur ce papier. En été, cette opération doit être faite rapidement, afin que la couche de collodion n'arrive point trop sèche dans le bain ; mais, en hiver, il ne faut pas trop se presser : l'air saturé d'humidité ne permettant pas au collodion de sécher aussi vite, et le côté de la glace par lequel le collodion a pris son issue étant plus humide, il y aurait alors une formation d'iodure d'argent anormal, et une tache s'étendrait jusqu'au quart de la glace.

La glace doit être plongée dans le bain, de telle sorte que le collodion soit en dessus. Pour obtenir cet effet, soulevez la cuvette avec la main gauche, posez la glace sur le haut, en la soutenant du doigt près du liquide, et laissez-la tomber en amenant le bain dans une situation horizontale, et assez vivement pour que le collodion soit couvert instantanément. Le liquide doit submerger entièrement la glace; autrement, tous les points laissés à nu par le bain seraient couverts de taches qu'on peut appeler *truitées*.

Imprimez un léger mouvement à la cuvette, afin que la nappe liquide, passant et repassant sur le collodion, lui enlève son aspect huileux. Le bain doit être au moins de une à deux minutes ; on peut le prolonger sans inconvénient, mais, dans tous les cas, la solution d'argent doit adhérer complétement à la couche, qui doit perdre entièrement son aspect huileux.

Soulevez la glace avec un crochet, appliquez un petit carré de papier buvard sur l'angle qui est sans collodion, prenez-la par cet angle, laissez tomber les premières gouttes; mettez la glace, humide encore, dans le châssis, couvrez-la d'une feuille de papier buvard, et faites l'épreuve (1).

(1) N'oublions pas que le laboratoire doit être dans

Exposition dans la chambre noire

Deuxième opération

Il est bien entendu qu'avant de mettre la glace en œuvre, on a dû préparer une chaise, un appui-tête, une table, etc., tout un petit mobilier, qui encadre et remplisse le fond; on a dû également donner la première direction à la chambre noire, placer le modèle et déterminer la pose. Ces précautions sont surtout nécessaires en été où, par un trop grand retard, la couche impressionnée pourrait se présenter trop sèche sous l'agent révélateur.

Cela fait, placez le modèle très-exactement au foyer sur la glace dépolie, et, de telle sorte que l'ensemble lui-même soit également au foyer, ce que vous obtiendrez en plaçant le corps du modèle presque de profil, pendant que la tête sera de trois quarts.

Enlevez la glace dépolie, et remplacez-la par le châssis porte-glace. Faites poser le modèle pendant un temps que votre expérience personnelle peut seule déterminer ; craignez moins de prolonger ce temps que de le tenir insuffisant. Nous devons nous borner, sur ce sujet, à quelques indications que l'opérateur intelligent saura bien approprier à tous les cas qui se présenteront dans sa pratique.

En pleine lumière directe, avec un objectif à portrait, on peut obtenir instantanément tous les

une obscurité absolue, pour toute opération où il y a formation d'iodure ou de chlorure d'argent.

objets à grande distance. Avec l'objectif à paysage et diaphragmé, on peut également saisir,
en quelque sorte, au passage, les ciels nuageux,
la mer, les vagues, les vaisseaux, etc.

En rapprochant les distances, mais en pleine
lumière diffuse et avec l'objectif double, on peut
aussi obtenir, à l'instant même, un portrait en
pied de quelques centimètres de hauteur, tandis
qu'il ne faut pas moins de 3 à 4 secondes pour
un portrait plaque normale dans les mêmes conditions de lumière. Un monument blanc ou de
couleurs claires peut être reproduit en 20 secondes avec l'objectif simple fortement diaphragmé. Le paysage vert demande 40 secondes,
la gravure 3, 6 ou 10 minutes, suivant la distance de l'objectif au sujet, et en vertu de cette
loi, que la couche sensible est d'autant plus rapidement impressionnée que l'on opère à une
plus grande distance du sujet, et d'autant plus
fortement que le sujet est plus lumineux.

Quel que soit le temps de la pose, la couche
sensible a été décomposée plus ou moins, et l'a-
gent révélateur amènera l'image à un point plus
ou moins près de la perfection. Si le temps de la
pose n'a pas été assez long, l'image sera très-
noire sur les parties lumineuses du modèle, et
ne sera pas *venue* dans les parties noires. Si, au
contraire, l'image est restée grise dans les parties blanches, ou si elle est grise également partout, c'est que le temps de la pose aura été dépassé.

Lorsqu'on a lieu de craindre que la couche
sensible ait été peu ou mal impressionnée par

l'effet d'une mauvaise lumière, on peut avoir recours à la solution de sulfate de fer qui vaut mieux alors que la solution d'acide pyro-gallique. Mais si la lumière est blanche, et que l'on pense que la pose ait été assez longue, c'est à l'acide pyro-gallique qu'il faut donner la préférence. Les différentes opérations que doit subir un cliché sont tellement minutieuses et compliquées, que l'opérateur peut quelquefois ne savoir à quelle cause attribuer ses insuccès.

De toutes ces opérations, la plus difficile est, certainement, l'appréciation du cliché. Un cliché, pour être parfait, doit venir, *inversement*, du même ton que le modèle. Le haut du front, la côte du nez, la pommette de la joue, en un mot, toutes les parties éclairées doivent être presque noires, et les autres parties, dans des tons relatifs, c'est-à-dire inverses, d'ombre et de lumière. L'habit le plus noir doit accuser des détails dans ses parties les plus ombrées. Du reste, à la première épreuve positive qu'il fera, l'opérateur s'apercevra des défauts de son cliché. Si son cliché est faible, la figure sera grise, sans éclat, sans modelé; les habits seront sans détails et sans relief.

On peut quelquefois remédier à la faiblesse d'un cliché, même après les épreuves. Il suffit pour cela de le mouiller et de le soumettre de nouveau à la solution d'acide pyro-gallique mêlée d'argent.

Développer l'image

Troisième opération

Pour une glace normale, mettez environ 35 centimètres cubes de la solution d'acide pyrogallique dans un vase en gutta-percha. Tenez la glace horizontalement, comme pour la collodionner ; répandez le liquide sur la couche impressionnée, de telle sorte que la surface en soit entièrement couverte ; maintenez la glace horizontalement pendant quelques secondes, l'image devra alors apparaître graduellement. Faites rentrer la moitié du liquide dans le vase, puis reversez de nouveau sur la glace. Prenez bien garde qu'aucune de ses parties ne soit laissée à sec, car le liquide n'adhérant point complètement à la couche laisserait, en se retirant, comme sur un corps gras, des taches en forme de marbrures ou de racines. Renouvelez cette opération jusqu'à ce que l'image soit entièrement développée, ce dont vous vous assurerez en la regardant par transparence à 10 centimètres de la flamme de la lumière.

Lorsque l'image est en voie de formation par les arrosages successifs de l'agent révélateur, il faut tenir la glace de manière à ne pas perdre de vue les progrès de son développement, car si, dans beaucoup de cas, l'image se complète assez lentement pour que l'opérateur soit à même de juger et de suspendre l'effet du réactif, il arrive aussi parfois que l'image est à son dernier point dès le premier ou second arrosage ; il est alors urgent de chasser le réducteur en lavant la

glace, ne fût-on pas même certain que le développement soit assez complet, car l'opérateur
sera toujours maître de continuer le développement s'il juge l'image trop faible.

Il y a d'autant plus lieu d'agir ainsi qu'il vaut
mieux avoir un cliché un peu faible que trop
venu. Il n'y a point de remède à un négatif *noir*,
tandis qu'on peut renforcer un cliché trop
faible (1).

Fixer l'épreuve négative.

Quatrième opération.

Si l'épreuve est faible, on pourra fixer l'iodure sans le dissoudre, en versant dessus une
faible solution d'hyposulfite de soude, 4 pour
100 à peu près, pendant quelques secondes. Le
collodion conservera alors sa teinte opaline, et
le cliché, quoique un peu plus long à donner
son positif, n'en sera pas moins beau.

Mais si le cliché est dans les conditions voulues, une solution saturée d'hyposulfite de soude
sera plus convenable pour dissoudre complètement l'iodure d'argent non modifié par la lumière, et donnera au cliché le plus bel aspect,

(1) Pour les glaces de grandes dimensions, on peut
commencer le développement dans une cuvette profonde et procéder de la même manière que pour sensibiliser la glace dans le bain d'argent. Si le cliché en
une minute n'est pas complet par cette immersion, on
reprend la glace, comme il est dit plus haut, et l'on
continue le développement avec les deux solutions pyrogallique et argent.

en ne laissant au collodion que la couche métallique argent.

Aussitôt que la dernière trace d'iodure aura
disparu, il faudra, par un lavage assez long, faire
disparaître la dernière goutte du liquide fixateur
si l'on ne veut voir des taches se produire sur
le collodion, par le sel d'hyposulfite, ce qui ren-
drait le cliché impossible.

Ce lavage exécuté radicalement, appliquez la
glace par un de ses angles, sur du papier buvard, et appuyez sur l'angle opposé, en ayant
soin que le collodion soit du côté du mur.

La glace peut bien aussi être séchée devant le
feu, mais non à la lampe qui pourrait casser le
verre.

Lorsque le cliché est sec, si l'image est heurtée, ou si l'on a un grand tirage à faire, on peut,
et l'on doit même le vernir au risque d'affaiblir
l'épreuve, car c'est le seul moyen de conserver
indéfiniment le négatif. Le vernis met le collodion
à l'abri de toute injure, seulement il a l'inconvénient de donner aux lumières, c'est-à-dire aux
noirs de l'image, une translucidité qui change
en demi-teinte les points lumineux formant le
relief de l'épreuve positive.

Aussi quel que soit le préservateur employé,
solution de gomme, albumine, vernis aux différentes résines ou essences, l'effet étant toujours
le même, l'opérateur doit faire tout son possible
pour obtenir un collodion tenace et parchemineux, qui lui permette de se passer de vernis.

Des taches et de quelques difficultés.

Les taches, qui résultent presque toujours de l'inexpérience, de la maladresse ou de la malpropreté des opérateurs à leur début, sont un des écueils contre lesquels ils viennent le plus fréquemment échouer. Les taches de petite dimension sont pourtant de peu d'importance quand on sait y remédier. Les taches noires, qui sont blanches au positif, peuvent disparaître au moyen du pinceau et d'encre de Chine, de teinte neutre, de lacque carminée ou de vermillon, en composant la nuance identique à celle de l'épreuve, plus claire même d'abord, sauf à y revenir, et en rebouchant soigneusement. Les taches plus légères qui se font dans le négatif se retouchent sur le collodion même, avec les mêmes couleurs que pour le positif. Un cliché taché ainsi peut n'en être pas moins irréprochable comme éclairement, comme relief, et donner d'excellentes épreuves positives. Il serait donc très-fâcheux de le rejeter pour si peu. Il n'en serait pas de même, et nous n'en dirons pas autant d'un cliché, irréprochable d'ailleurs sous le rapport de la pureté de la couche, mais qui serait trop faible ou mal éclairé.

Nous avons dit que les taches noires du cliché provenaient des grains de poussière qui tombent sur la couche collodionnée, quand on retire trop brusquement le volet du chassis dans la chambre noire, ou des poussières du bain ou du collodion, et que ces légers détritus se métallisaient au contact de l'agent révélateur. Il suffit ici d'indi-

. quer la source du mal pour en signaler le remède.   ᴕ

Les taches plus claires que le fond viennent
des pellicules du collodion nageant dans le bain
d'argent et restées sur la couche iodurée, elles
se traduisent par une sorte de *clairière* décou-
pée sur la forme même de ces pellicules. Enfin, il
y a aussi des taches de même nature, mais estam-
pées et de formes diverses, qui sont dues à un
décapage imparfait. Une couche trouaillée comme
par des milliers de coups d'épingles arrive à cet
état par une poudre en suspension dans le collodion. Pour éviter ce grave inconvénient, il faut
filtrer ou décanter le collodion avec le plus grand
soin, et ne pas agiter le flacon en collodionnant,
afin de laisser le dépôt au fond du vase.

Lorsque la tache occupe une grande place
vers l'angle par lequel le collodion a pris son issue, c'est que la couche de collodion était trop
humide quand la glace est tombée dans le bain.
Cette grande tache affecte presque toujours la
forme d'un *nimbus*, et forme, au positif, une
sorte de nuage noir, sans contours arrêtés.

Si la glace est mal collodionnée, ou que, dans
dans sa manœuvre, l'opérateur ait ramené trop
brusquement la glace dans la ligne verticale, le
collodion moutonne, et la couche prend alors
l'aspect d'un ciel pommelé, d'un vrai *cirrocumu-
lus* plus ou moins opaque.

Quand le collodion ou le bain d'argent est so-
phistiqué ou sali par l'inexpérience ou la malpropreté de l'opérateur, la couche présente, même
avant d'être placée dans la chambre noire, l'image

bien dessinée du *cirrus* ou queue de chat des marins.

Enfin, si le collodion est trop dense, ou si l'opérateur l'a laissé s'écouler par la diagonale, la couche présente des striés ou des rides, qui donnent au positif l'aspect d'une gravure grossière, fortement hachée. Ces hachures sont l'effet d'un liquide sirupeux qui se fige très-rapidement et se fixe sur ces rides.

Il y a bien encore des taches qui ressemblent à des *stratus* ou coups de balai, et rendent les couches plus ou moins nuageuses, mais elles proviennent également des bains ou des collodions adultérés, et l'opérateur devra s'en apercevoir en sortant la glace du bain, car il ne faut pas confondre ce genre de taches avec celles qui pourraient provenir des bains révélateurs ; ce dernier cas arrive rarement ; cependant, il arrive fréquemment aux opérateurs peu soigneux de voir sur leurs clichés des traces de substances désiodantes jusque dans les bains révélateurs ; on conçoit aisément les troubles et les déboires qui doivent en résulter.

Toutes les taches qui peuvent se produire, et dont l'énumération complète serait impossible, rentrent dans une des catégories que nous venons de signaler. Les laboratoires mal tenus, l'incurie ou la malpropreté des opérateurs, sont les sources les plus fécondes de ces prétendus obstacles, qu'avec du soin et de la vigilance il est si facile d'éviter.

Photographie monumentale.

Le procédé que nous venons de décrire est connu sous le nom de procédé humide; il ne peut être mis en usage que lorsque l'opérateur est près de son laboratoire; hors de là il n'est guère praticable; car si l'on ne peut disposer d'une tente ou d'un abri quelconque qui lui en tienne lieu et qu'il soit obligé de préparer ses glaces avant l'excursion et de revenir ensuite dans son laboratoire pour y développer l'image, il suffit que dix minutes se soient écoulées pendant ces diverses opérations, pour que la solution argentique qui a donné la sensibilité au collodion, soit évaporée et laisse sur la couche iodurée, du nitrate d'argent en excès. Ce nitrate dissoudra l'iodure, et le collodion deviendra collodion normal, taché seulement de quelques astérisques de sels d'argent.

Pour éviter tous ces embarras aux opérateurs qui fonctionnent loin de tout laboratoire, on doit modifier le procédé du collodion humide de la manière suivante :

Hydromélite.

Faites dissoudre dans un vase neuf et à chaud :
    Miel blanc. . . . . . .   100 gr.
    Eau distillée . . . . .   300 —
Lorsque la solution est faite, ajoutez :
    Alcool de vin. . . . . .   25 c.c.
Filtrez.
Reprenez la glace au sortir du bain d'argent

(voyez page 52) ruisselante encore et prête à être mise en œuvre.

Le collodion, qui a puisé dans ce bain son principe sensible, a en même temps enlevé une assez grande quantité de la solution argentifère, qui, en séchant, eût détruit l'iodure d'argent de la couche.

Plongez donc la glace dans l'eau distillée, agittez la cuvette, changez cette eau deux ou trois ffois, et finissez en rinçant la glace. Quand le collodion sera complétement débarrassé par le lavage, de la solution argentifère superficielle, vous couvrirez la couche de collodion, d'hydromélite et de la même manière que pour couvrir la glace de collodion, en laissant, toutefois, séjourner plus longtemps la masse du liquide; rejetez-la ensuite, répandez-y une seconde couche d'hydromélite, jetéz-la encore, posez l'angle de la glace sur du papier buvard, puis enfin placez-la à l'abri de toute lumière.

Cette couche incristallisable conservera l'iodure d'argent presque aussi sensible que par le procédé humide; cependant le temps de la pose devra être à peu près doublé.

Il est très-important, pour ce procédé, que la préparation de la glace soit faite pendant la nuit, ou, du moins, dans un laboratoire complétement privé de lumière; préparées par ce moyen, les glaces se conservent sensibles pendant au moins quinze jours.

Après avoir impressionné la glace dans la chambre noire, il y a encore bien des précautions à prendre avant de la soumettre à l'agent révélateur,

Il faut lui faire subir encore à peu près le même lavage que lorsqu'il s'est agi d'enlever la couche d'argent, la plonger dans un bain faible d'argent, puis la couvrir de la solution d'acide pyrogallique (page 56), et procéder aux autres opérations comme s'il s'agissait du collodion humide.

Méthode Taupenot.

Cette méthode, qui a aussi pour but de conserver au collodion une sensibilité presque égale à celle que possède le collodion humide, est bien véritablement un procédé sec qui ne laisserait rien à désirer, et auquel on n'aurait rien à reprocher, si ce n'était la double opération à long intervalle à laquelle doit se livrer l'opérateur.

Ce procédé est applicable à tout collodion de bonne nature bien ou mal ioduré, mais ioduré pourtant, car, quoi qu'en aient dit quelques professeurs, le collodion non ioduré ne saurait donner aucun bon résultat.

Traitez la glace comme pour le procédé hydromélite, et couvrez-la de la même manière, d'une couche d'albumine (1).

(1) *Préparation de l'albumine.* Ayez des œufs frais, séparez la glaire du jaune, enlevez le germe, ajoutez à cette glaire un quart de son poids d'eau distillée et pour 100 d'iodure de potassium, soit :

Glaire...................... 100   Grammes.
Eau........................ 25
Iodure..................... 1,25

Battez fortement cette glaire jusqu'à neige épaisse, laissez déposer pendant vingt-quatre heures, puis servez-vous du liquide décanté.

Posez cette glace sur un angle, à l'abri du jour et de la poussière, laissez-là sécher à peu près 24 heures, puis, quand elle est sèche, mettez-là dans le bain suivant :

    Eau . . . . 100 gr.
    Nitrate d'argent . . . 10 —
    Acide acétique. . . . 10 —

Laissez-la dans ce bain pendant 2 minutes, llavez-la de nouveau comme il a été précédemment indiqué, et mettez-la dans l'obscurité absolue, sa sensibilité se maintiendra pendant plusieurs mois.

Pour révéler l'image, les mêmes précautions sont à prendre et les mêmes procédés à employer que pour l'hydromélite.

Collodion sec à la résine. (1)

CONSIDÉRATIONS GÉNÉRALES.

Introduction dans le collodion d'une résine quelconque, chimiquement pure ;

2° Collodion fortement alcoolisé, peu ioduré ;

3° Emploi d'une résine peu friable :

Une résine contenant un acide quelconque, pourrait rendre l'opération incomplète, comme

(1) Les formules que nous allons faire connaître, et le *modus operandi* appartiennent à M. E. Robinet, amateur distingué, qui a obtenu, par son procédé, des clichés fort remarquables. Ce qui distingue surtout sa méthode, c'est qu'elle est applicable, indistinctement, à tous les collodions ; les manipulations sont d'ailleurs les mêmes que pour le procédé humide, au lavage la glace près.

par exemple, si elle contenait de l'acide phénique;
le bain d'argent serait alors réduit en partie.

Un collodion trop tenace pourrait se plisser
sous l'action des lavages, et s'il était trop ioduré,
se fendiller ou produire une réduction métallique trop intense. Les résines sèches rendraient
le collodion trop pulvérulant; or, la couche de
collodion doit, comme nous l'avons dit, conserver une certaine élasticité. Nous indiquerons
donc le procédé suivant comme le plus simple,
et le plus sûr quant aux résultats.

Préparation de la liqueur :

Dans un flacon, en suivant l'ordre indiqué ci-
dessous.

Mettez : alcool à 32°   45 gram.
         Iodure de cadmium   1   10
         Iodure d'ammonium   »   15
         Bromure de cadmium   »   20
         Ether à 62°   65

Agitez le flacon, laissez dissoudre pendant
vingt-quatre heures.

Lorsque les sels sont dissous et que la liqueur
est limpide, ajoutez : sandaraque pure, 1 gram.
+ 10 gouttes de la solution suivante :

         Alcool   10 gram.
         Baume du Pérou   10

La résine se dissout rapidement et entièrement; après dissolution et dépôt, filtrez avec
soin en décantant. Il suffit d'ajouter à cette liqueur : coton soluble 1 gr. 75, d'agiter et de
laisser reposer pendant quarante-huit heures. Ce
collodion conserve ses principes pendant plusieurs mois si le flacon n'est pas débouché; on

peut même affirmer qu'après deux ou trois mois le mélange est plus intime, et par cela même, donne des images plus fines et mieux définies.

Rien n'est changé, du reste, dans la manipulation ; même bain d'argent, que pour le collodion humide, mêmes précautions à prendre pour les réactifs, etc. La glace étant iodurée, on la lave avec soin jusqu'à ce que l'eau adhère à la couche ; l'image sera d'autant plus pure que la couche collodion iodurée sera mieux lavée.

Le lavage terminé, posez la glace sur un angle, et du papier buvard afin que le liquide soit absorbé ; laissez sécher naturellement, et dans l'obscurité absolue ; lorsque la couche est sèche, on peut vernir les épaisseurs de la glace, afin d'emprisonner deux ou trois millimètres de collodion, et le protéger ainsi contre les éraillures produites par le frottement des rainures de la boîte, et aussi pour l'empêcher de se détacher de la glace pendant les lavages. Si les opérations ont été bien conduites, les lavages bien faits, les glaces ainsi préparées, peuvent conserver leur sensibilité pendant plusieurs jours sans aucune altération. Cette sensibilité est à peu près la même que celle du collodion albuminé, du procédé Taupenot, et du collodion à l'hydromelite ; elle atteint quelquefois la sensibilité du collodion humide. Cependant, en général, le temps de la pose doit être double, sinon triple, que par le procédé humide.

Même précaution à prendre pour développer l'image, lavage complet jusqu'à ce que l'eau adhère à la couche.

Agent révélateur.

    Eau distillée. . . . 500 grammes.
    Acide pyrogallique. . 1
    Acide acétique. . . 2
    Alcool. 20

Sous l'action de cet agent seul, l'image ne saurait se révéler (1), et si on le promène sur la couche impressionnée, c'est afin de la préparer, lorsque, pour révéler et compléter l'image, on mêlera à cet acide quelques grammes d'une solution de nitrate d'argent à 3 ou 4 p. %.

On pourrait également, après l'avoir lavée, tremper la couche impressionnée, dans un bain faible d'argent, 1 ou 2 p. %. L'acide pyrogallique agirait alors sur la couche iodurée humide.

L'auteur ne parle pas de ce moyen, mais nous pensons qu'ainsi que pour tous les autres procédés secs, le bain faible d'argent peut donner de bons résultats.

On fera bien de ne pas tarder à développer l'image. Quarante-huit heures après l'opération, les clichés sont déjà moins beaux, plus opaques, quelquefois même ils sont tachés. La lumière, en impressionnant la couche, a produit un déplacement moléculaire et un commencement de réduction.

Terminons, en conseillant aux opérateurs, de préférer le lavage sous un filet d'eau au lavage dans la cuvette. Ce détail a son importance.

(1) Nous avons déjà eu l'occasion de faire remarquer que l'acide pyrogallique seul n'avait pas d'action révélatrice. Il n'agit que combiné à la solution de nitrate d'argent.

Des images positives par réflexion.

Quoique, à nos yeux, ce procédé soit sans va-
lleur réelle, l'importance qu'y attachent certains
opérateurs nous oblige au moins à le mention-
ner. L'engouement du public pour les portraits
positifs directs s'explique par le prix auquel on
peut les livrer. D'un autre côté, on conçoit parfaitement que les photographes vulgaires s'y li-
vrent de préférence, par cela seul que ce procédé
ne demande ni les soins ni les connaissances
exigés par le procédé *négatif*. Quelques minutes
suffisent pour la fabrication et la livraison d'un
portrait qui peut être cependant d'une grande
finesse et d'une grande ressemblance ; qu'impor
tent alors les autres qualités, on en a toujours
bien pour son argent.

Le procédé collodion donne toujours une image
amphitype, c'est-à-dire invariablement négative
par transmission et positive par réflexion. Mais
il est bien rare qu'une image soit également
bonne sous ce double aspect. Il y a donc lieu
d'opérer différemment, selon qu'il s'agit d'obtenir
un négatif ou un positif direct. Dans le premier
cas, le temps de la pose devra être relativement
plus long, et dans le second, beaucoup plus
court. Dans l'un comme dans l'autre, quelques
modifications apportées au bain d'argent, au
collodion, à l'agent révélateur et à l'agent fixateur, pourront toujours améliorer et perfectionner sensiblement les résultats.

Bain d'argent pour positif direct.

Eau. . . . . 100 gr. ⎫ Modification du
Nitrate d'argent. 10 ⎭ bain négatif.

Collodion pour positif.

Quelle que soit la nature du collodion et de l'iodure employés, ajoutez-y, par cent grammes, 2 centigrammes de la liqueur suivante :

Alcool à 40°. . 100 centim. cub.
Brôme pur (1). 12 — —

Versez cette solution dans un flacon où se trouve déjà :

Chaux hydratée. . 12 grammes.

Fermez le flacon, agitez le mélange et ajoutez-y :

Acide chlorhydrique. . 2 centim. cub.

Laissez déposer, filtrez, etc. On peut attendre de cette liqueur d'excellents résultats. Quelques gouttes d'alcool iodé ou d'éther brômé peuvent aussi donner au collodion le plus nouveau les qualités qu'il n'acquiert qu'en vieillissant. Si donc l'opérateur possède un collodion rouge, peu propre au négatif, il peut se dispenser de le modifier en lui adjoignant l'une de ces liqueurs.

(1) N'oubliez pas que le brôme étant une substance très-dangereuse, il y a lieu de prendre des précautions en débouchant le flacon et en opérant le mélange.

Bain révélateur.

Eau distillée. . . . . . . 100 grammes.
Sulfate de protoxyde de fer. (1) 5 —
Alcool. . . . . 5 —
Acide acétique cristallisable. 5 —
Acide sulfurique. . . . . 1 —

Procédez de la même manière que pour le développement de l'image négative, sauf à en arrêter plus tôt l'effet.

Pour le positif direct, les grandes lumières du modèle ne doivent point être aussi noires que dans l'épreuve négative, et les parties sombres demandent à être à peine marquées.

Lavez l'épreuve avec soin, et plongez-la dans un bain de :

Eau. . . . . 100 grammes.
Cyanure de potassium. . . 4 —

L'iodure non modifié disparaît à l'instant, et l'image positive, par réflexion, apparaît ou trop blanche ou trop noire, suivant qu'elle a été trop ou trop peu impressionnée.

Un lavage à l'eau ordinaire, un peu prolongé, achèvera de dégager l'épreuve, que l'on pourra ensuite faire sécher devant le feu, puis, toute chaude encore, couvrir du même vernis qui sert à protéger l'épreuve négative, lequel vernis est préférable au vernis noir qui donne une teinte

(1) Nous avons essayé le sulfate de fer depuis la dose 3 0/0 jusqu'à 10 0/0, sans addition d'aucun acide et cette solution nous a donné toujours d'excellents résultats.

jaunâtre à l'épreuve, et qui est plus difficile à employer. Lorsque le vernis blanc est sec, ce qui arrive en deux ou trois minutes, on peut poser l'épreuve sur le papier noir, et l'on obtient l'effet désiré.

Si l'on ne tient pas à conserver l'épreuve sur verre, on peut transporter le collodion sur (1) toile cirée, sur papier noir préparé, etc. A cet effet, on pose le verre sur un cahier de papier, le collodion en dessus; on coupe un carré de toile ou de papier un peu plus petit que le verre; on fait chauffer la toile cirée et on l'applique sur le collodion, en commençant par une des extrémités et en avançant, peu à peu, vers l'autre. Posez une feuille de papier buvard, maintenez-la de la main gauche, pendant qu'avec la droite vous ferez adhérer la toile au collodion : enlevez la feuille de papier buvard, retroussez le collodion sur la toile cirée, que vous relèverez avec précaution par un de ses angles, et introduisez un léger filet d'eau entre la couche de collodion et le verre. Le collodion se détachera du verre et adhérera de plus en plus à son nouveau support. Suspendez le tout par un angle, et laissez sécher.

Transport sur papier albuminé de l'épreuve négative.

Le transport sur papier, du négatif collodion

(1) Le Collodion n'est cohérent et ne saurait être détaché facilement de la glace qu'à la condition d'être traité par l'acide pyrogallique, avec le sulfate de fer, l'opération est difficile si non impossible.

n'est pas plus difficile et s'opère de la même manière que son transport sur toile cirée. Tout papier enduit d'un corps gélatineux ou albumineux est propre à cette opération. Le papier
albuminé est cependant préférable. On le prépare
comme s'il était destiné à une épreuve positive
(page 77) : il n'est pas besoin d'avoir un papier
spécial, il suffit de choisir le plus mince.

Lorsque le collodion transporté est sec, il est
tellement adhérent au papier que nul frottement
ne saurait l'en détacher.

L'image est alors à l'abri de toute altération,
puisqu'elle est enfermée entre le papier et le
collodion.

L'épreuve négative a été redressée par le fait
du transport, de telle sorte que, si on l'em-
ployait au tirage d'un positif par la méthode ordinaire, on obtiendrait une épreuve renversée.
Il faut donc opérer autrement ; pour que l'é-
preuve positive soit redressée, il faut poser sur
la glace de fond du châssis le côté collodion,
afin que le papier se trouve du côté de l'opérateur. Les rayons actiniques traverseront alors le
collodion et le papier, et traceront sur la feuille
positive une image un peu moins nette que si
le collodion était en contact immédiat avec le
papier chloruré, défaut auquel on peut remédier.
Les avantages que ce procédé offre aux opérateurs en voyage, qui n'ont avec eux qu'une très-
petite quantité de glaces, sont incontestables.
Quant au défaut que nous avons indiqué, on
peut le faire disparaître par le cirage de la feuille
négative.

Si le papier-support est mince, s'il a été ciré avec soin, le cliché deviendra presque aussi diaphane que la glace, et l'image ainsi transportée donnera une épreuve positive presque aussi belle que si le collodion fût resté sur la glace (1).

Du papier positif et des épreuves.

La préparation du papier destiné au tirage des positifs ne présente aucune difficulté sérieuse et avec quelques précautions, on peut toujours, et à coup sûr, arriver à un bon résultat.

Tous les chlorures ont la propriété de précipiter les sels d'argent à l'état de chlorure d'argent. Le sel de cuisine (chlorure de sodium) le plus commun est fréquemment employé, mais on préfère cependant le sel ammoniac, qui a l'avantage de donner aux épreuves des tons moins rouges.

Il est évident que plus le papier sera beau, composé d'une pâte homogène, sans corps étrangers, sans inégalités, mieux il conviendra aux épreuves photographiques; la perfection de celles-ci tient à la perfection de celui-là, et malheureusement le meilleur papier est jusqu'ici bien loin

(1) Nous recommandons le procédé suivant :

On fait fondre de la cire vierge sur une capsule plate en doublé d'argent, supportée par un pied de niveau, au moyen d'une petite lampe à esprit de vin ou de tout autre ustensile capable d'opérer la fusion.

On pose la feuille négative sur cette solution, du côté du papier, et l'on extrait l'excédant de la cire avec un fer modérément chaud, entre deux feuilles de papier buvard.

d'être irréprochable ; il laisse toujours à désirer.

Les papiers anglais ont souvent approché de la perfection, mais ils sont d'un prix si élevé pour la France, qu'on ne peut les considérer que comme un produit exceptionnel qu'il n'est guère possible d'employer dans la pratique ordinaire.

Le papier Saxe (1) a joui longtemps d'une grande réputation ; il a même encore beaucoup de partisans, mais sa prétendue supériorité est exclusivement relative ; encore les papiers français ont-ils sur lui l'avantage du bon marché ; le papier Saxe a le grand défaut de donner peu de relief aux épreuves et de contenir des points métalliques qui font mettre souvent l'épreuve au rebut : ajoutez à tout cela l'obligation de payer fort cher et d'avance une marchandise dont la valeur réelle est bien au-dessous de sa réputation. Cette réputation, il faut bien le reconnaître, est due à la prévention et à la légèreté du public français qui a une tendance naturelle à exagérer la valeur et par conséquent le prix de ce qui lui vient de loin.

Depuis quelque temps nous nous servons des papiers belges, très-purs, tenaces, sans trous ni boutons, et dont la pâte homogène par transmission laisse peu à désirer sous le rapport de

(1) Ce papier nous est expédié de Malmédy, sans marque de fabrique, tantôt bon, tantôt couvert de sels de fer et sans aucune garantie de la part du fabricant. Les reproches que nous adressent si souvent nos clients à ce sujet, nous obligent à faire cette note et à décliner toute responsabilité — à propos du papier Saxe.

son feutrage. Si cette fabrique continue dans cette voie, nous n'hésitons pas à lui prédire un très-grand succès.

Préparation du papier positif.

Première opération.

Faites dissoudre à froid :

Chlorure d'ammonium . . . .　32　gr.
Eau. . . . .　800 gr.

Agitez la solution, filtrez dans une cuvette propre et destinée à cet usage, prenez par un angle inférieur une feuille de papier coupée de grandeur, plongez-la dans le liquide de telle façon qu'elle en soit couverte et qu'il ne se forme point de bulles à la surface ; glissez une seconde feuille sous la première, puis, une troisième sous celle-ci, et ainsi de suite jusqu'à cinq. Retirez ce paquet du liquide où il est plongé, enveloppez l'angle supérieur d'un petit carré de papier buvard et piquez-le contre une planche garnie de liége ; selon la saison, le séchage se fera plus ou moins rapidement, les feuilles s'isoleront d'elles-mêmes ; vous pouvez, par ce procédé, préparer en quelques minutes, autant de mains de papier que de feuilles par l'ancienne méthode.

Papier salé albuminé.

Ce papier, à peu près exclusivement destiné aux petites images qui demandent le plus de finesse et de correction, donne des tons très-harmonieux, mais qu'il est assez difficile d'obtenir. De plus il salit les bains d'argent en leur abandonnant un dépôt albumineux qui nécessite l'emploi du kaolin. Il a en outre l'inconvénient de se recoqueviller sans cesse, si bien qu'il faut prendre les plus grandes précautions pour ne pas érailler le négatif, s'il n'est point protégé par un vernis.

Cependant la préparation albumineuse pouvant être de quelque utilité dans certains cas, nous devons en donner la formule.

Mettez dans un vase profond, après en avoir ôté le germe :

        Blanc d'œuf.   400   gr.
        Chlorhydrate d'ammoniaque.. 16   —

Battez jusqu'à ce que la mousse se soutienne, puis laissez reposer à l'abri de la poussière pendant vingt heures.

Au moment d'en faire usage, décantez le liquide dans la cuvette destinée au bain de sel. Prenez alors une feuille de papier par deux angles opposés et posez-la sur le bain de telle sorte qu'il ne se forme pas de bulles. Au bout de cinq à six minutes, retirez cette feuille, suspendez-la par un angle, et mettez, à l'angle opposé, un peu de papier buvard. Lorsque la feuille sera sèche, placez-la, avant de la soumettre à l'opération du bain d'argent, entre deux feuilles de papier buvard, et passez dessus un fer à lisser modérément chaud.

Le papier albuminé salé doit séjourner plus longtemps que le papier ordinaire, sur le bain d'argent.

Deuxième opération.

Sensibiliser le papier salé.

Bain d'argent positif.

Eau. . . . . 300 gr.
Azotate d'argent. . . . 60 —

Cette solution, faite d'avance, sera filtrée dans une cuvette destinée spécialement à cet usage. On aura soin de l'enrichir à mesure qu'elle s'appauvrira par la préparation des feuilles. Chaque feuille normale enlève à peu près 0, 25 centigr. d'argent. Il est donc urgent, après la préparation d'une vingtaine de feuilles, d'ajouter à la solution appauvrie 50 centim. cub. d'eau et 12 ou 15 gr. d'azotate d'argent au titre nécessaire et dans les conditions voulues pour obtenir au virage et au fixage des épreuves, les tons les plus harmonieux.

Mettez, dans une cuvette plate, une couche de cette solution, haute de 5 à 6 millim. Prenez, par les deux angles opposés, une feuille de papier salé, et faites, à l'angle supérieur, une corne de 15 millim. environ, fortement reployée sur elle-même (1). Laissez, comme il a été dit pour l'opération précédente, tomber la feuille sur cette solution, de manière qu'il ne se forme pas de

____

(1) Le côté du papier qui doit être mis en contact immédiat avec le bain, offre un aspect feutré ; l'envers, au contraire, d'un grain assez grossier, est semblable à un tissu de toile. Il y a des papiers chez lesquels, avant la première opération, le feutre et la trame se confondent de prime abord.

bulles. — Cinq minutes suffisent pour obtenir un bon résultat. On pourrait aussi plonger entièrement la feuille dans le bain d'argent; l'épreuve n'en serait que plus belle. Deux minutes de bain suffiraient à la préparation complète de la feuille; mais il y aurait une plus grande quantité de nitrate d'argent employée.

Si c'est par le second procédé que vous avez préparé la feuille, relevez-la avec le crochet d'argent par l'angle supérieur, et après l'avoir enveloppée avec un petit carré de papier buvard, piquez-la contre la planche étagère.

N'oublions pas que cette opération doit avoir lieu dans la plus complète obscurité. Lorsque les feuilles sont sèches, on les enferme dans un carton sans les tasser.

Il ne faut pas compter qu'après cette préparation le papier conserve longtemps sa blancheur (2)

(2) On a, depuis quelque temps, mis dans le commerce des appareils conservateurs, ayant pour but de maintenir les papiers préparés dans leur entière blancheur. On attribue ce phénomène à la présence d'un chlorure hygrométrique, absorbant l'humidité de la boîte.

Quant à nous, à qui l'expérience a démontré que, lorsque l'air est saturé d'humidité, les papiers chlorurés se conservent huit jours entiers, tandis que, pendant les grandes chaleurs, les mêmes papiers jaunissent du jour au lendemain, il nous est difficile d'attribuer ce rôle conservateur au chlorure de calcium.

L'essentiel, après tout, c'est que, par le moyen de l'appareil, le papier se conserve blanc et bon; mais alors il y a là une cause que l'on ignore.

surtout en été ; en hiver, on peut le garder pendant quatre ou cinq jours sans altération apparente ; mais, ensuite, il prend une teinte violette ou fauve très prononcée, et dès-lors il n'est plus dans les conditions pour donner de belles épreuves.

Troisième opération.

Tirage de l'épreuve positive.

Nettoyez avec soin la glace qui porte l'épreuve négative et la glace du châssis-presse ; posez le négatif sur la glace du châssis, le collodion en dessus ; couvrez-le avec le côté préparé du papier positif, sur lequel vous ajouterez quatre feuilles de papier buvard ; abaissez les deux volets à glace, et mettez les crochets.

Exposez le châssis aux rayons directs ou à la lumière diffuse, mais autant que possible perpendiculairement à la direction du rayonnement lumineux.

On ne saurait déterminer le temps nécessaire à la venue d'une belle épreuve ; cela tient à la lumière et aussi au cliché, qui peut être plus ou moins faible, plus ou moins opaque. En été, par un beau soleil, avec un cliché ordinaire, la moyenne n'est que de dix à quinze minutes, tandis qu'en hiver, par un temps sombre, avec un cliché vigoureux, il ne faut pas moins de plusieurs heures, sinon même une journée entière.

Dans tous les cas, on doit laisser l'image *se faire* plus noire que le modèle, et dépasser le ton que l'on veut obtenir, puisqu'elle perdra naturellement au fixage, et qu'il n'y a pas moyen de renforcer une épreuve faible, tandis qu'on peut toujours affaiblir une épreuve trop venue. Du reste, il est facile de l'amener à point et de l'arrêter à temps, puisqu'on peut, à chaque instant, en ouvrant un volet, s'assurer du degré de vigueur et de développement auquel elle est parvenue.

Quatrième opération.

Fixage de l'épreuve positive.

Si, en sortant du châssis-presse, l'image restait exposée au soleil ou même à la lumière diffuse, les blancs noirciraient, l'épreuve serait perdue. On doit donc la fixer sans retard, c'est-à-dire qu'il faut dissoudre le chlorure d'argent non modifié par la lumière.

A cet effet, plongez-la, pendant une minute, dans une bassine remplie d'eau; puis baignez-la dans la solution suivante :

Eau ordinaire. . . . . 500 gr.
Hyposulfite de soude . . . . 100 —

Tournez et retournez-la.

Vous pouvez opérer ainsi sur huit ou dix épreuves à la fois, en ayant soin de varier leurs positions pendant la durée du fixage, dont on s'assure en regardant l'épreuve par transparence : elle est fixée dès que la pâte du papier s'est purgée d'une espèce de *poivré* dans les blancs, c'est-à-dire que le chlorure libre est complétement dissous; il ne reste plus alors qu'à dégager l'épreuve de la solution d'hyposulfite de soude, en la mettant dans l'eau. Ce bain renouvelé dix ou douze fois, d'heure en heure, assure à l'épreuve un fixage inaltérable et complet.

Après ce bain, vous pourrez sécher l'épreuve dans du papier buvard et la suspendre pour qu'elle se sèche complétement, ou bien la faire sécher devant le feu, si l'image est un peu faible; l'action du calorique lui fera prendre un ton plus noir et plus harmonieux.

Le fixage par l'hyposulfite neuf est évidemment celui qui rend les épreuves plus durables, mais il a le grand inconvénient de leur imprimer un ton roux sale qui ne compenserait pas le mérite d'un fixage inaltérable, si nous n'avions un moyen de changer ce ton en une couleur plus agréable.

Virage de l'épreuve.

Sel double d'or et de soude.

Dans un flacon, mettez :

Eau distillée. . . . . 400 gr. } 1re
Chlorure d'or. . . . . 1 — } solution.

Dans un autre flacon de la capacité d'un litre, mettez :

Eau. . . . . 400 gr. } 2e
Hyposulfite de soude. 4 — } solution.

Lorsque les deux sels sont dissous, versez la première solution dans la seconde, graduellement et en agitant. Cette solution composée constituera le sel double d'or et de soude, auquel nous aurons recours pour donner aux épreuves positives le ton que nous voudrons obtenir.

Premier moyen.

Si l'épreuve est fixée de longue date, ou, ce qui revient au même, si elle vient d'être fixée par la solution neuve d'hyposulfite, qu'elle soit d'un ton roux, il faut la plonger dans la solution de sel double d'or et de soude ; quelques minutes d'immersion suffiront pour donner à cette épreuve le ton voulu, en passant successivement au rouge sépia, au noir et au bleu noir ; l'opérateur pourra donc arrêter l'épreuve au ton qu'il trouvera préférable. Après ce virage, faites séjourner l'épreuve, pendant quelques heures, dans un bain d'eau renouvelée.

Deuxième moyen.

Le mode d'opérer que nous allons décrire est celui que nous préférons entre tous et dont nous conseillons l'usage à tout opérateur qui a beaucoup d'épreuves à fixer.

Lorsque l'épreuve sortira du châssis-presse un peu plus vigoureuse qu'il n'est besoin, plongez-la dans une bassine d'eau ammoniacale (10 p. 100 à peu près). En quelques secondes, elle passera d'abord à un ton rouge assez laid, auquel vous remédierez en la mettant dans une cuvette très-propre et en la couvrant d'une *faible* couche de sel double d'or et de soude (1).

(1) Quand nous disons une *faible* couche, il est bien entendu que ce n'est que parce qu'il s'agit d'une solution d'un prix assez élevé ; car il est évident qu'une plus grande quantité de liquide ne saurait nuire, au contraire.

Agitez le liquide dans la cuvette, en prenant soin que l'épreuve en soit toujours recouverte. Une minute après, cette épreuve sera devenue d'un très-beau noir bleu ; mettez-la dans l'eau, rincez-la, et terminez le fixage dans le bain d'hyposulfite de soude. Cette opération faite, procédez comme il a été indiqué pour le lavage.

Les deux moyens que nous venons de décrire pour opérer le virage des épreuves positives sont, au fond, identiques. Ils agissent tous les deux par les sels d'or, et l'un et l'autre ne peuvent s'appliquer qu'à des épreuves sur papier non albuminé et tirées à *point* ; nous voulons dire un peu plus vigoureuses que le ton du modèle.

Il y a enfin un troisième moyen, qui n'est applicable qu'aux épreuves trop *venues*, alors que les demi-teintes commencent à passer au gris-bleu, et que les ombres sont déjà d'un ton bronze. Lors d'un grand tirage, il n'est pas rare d'avoir à *dégrader* beaucoup d'épreuves de ce genre, et l'opérateur doit toujours avoir sous la main, à cet effet, un flacon de chlorure de platine acide, dont voici la formule :

Eau. . . . . 1,000 gr.
Chlorure de platine. . . 1 —
Acide chlorhydrique. . . 20 —

Après avoir laissé l'épreuve dans l'eau pendant une minute, plongez-la dans cette solution : la dégradation de l'épreuve s'opérera avec tant de rapidité qu'il faudra la surveiller, afin d'arrêter à temps les effets de l'agent destructeur, en replongeant l'épreuve dans l'eau.

Cet agent mérite réellement le nom de destructeur, car ce serait son rôle naturel si son action s'exerçait une seconde de plus qu'il ne convient.

Lorsqu'après deux ou trois lavages successifs l'épreuve est complétement dégagée d'acide, on la fixe par les moyens ordinaires : bain d'hyposulfite de soude, lavage, etc.

Quelques opérateurs emploient ce dernier moyen, à l'exclusion de tout autre, pour virer leurs épreuves, ce qui nous semble peu rationnel, car le ton qu'on obtient alors étant invariablement le même, c'est-à-dire d'un noir froid, il peut en résulter un véritable contre-sens, comme, par exemple, lorsque l'on a à fixer une reproduction d'un ton chaud ou le portrait d'un homme blond. Bref, les procédés de fixage au sel d'or ammoniacal donnent à l'opérateur la faculté de fixer son épreuve au ton voulu : excès d'ammoniaque pour le ton rouge ; excès de sel d'or pour le ton bleu-noir.

Virage pour le papier albuminé.

Il y a plusieurs moyens de virage, et le moindre Photographe en a au moins un à sa disposition. Il n'en est pas de meilleur, selon nous, que celui qui résulte du sel d'or associé à l'acétate de soude. Nous préparons nous-même ce virage avec le plus grand soin. Nous indiquons ici la manière de l'employer :

Lavez l'épreuve avec soin et plongez-la dans le virage. Agitez la cuvette, et laissez prendre à l'épreuve le ton bleu ; lavez-la ensuite, et plongez-la dans le bain d'hyposulfite. Si l'épreuve est un peu faible, elle prendra dans le bain de virage un ton gris-bleu, qui convient parfois très bien à quelques épreuves. Si, au contraire, elle est un peu vigoureuse, elle y prendra un ton bleu-violet, qui est le ton le plus harmonieux et le plus propre à donner aux épreuves une valeur réellement artistique.

Quand l'épreuve tirée faible n'a pas acquis dans le bain de virage la vigueur qui lui manque, on n'a qu'à la faire sécher devant un feu de braise, pour qu'elle parvienne au point désiré.

Il faut se garder de remettre le virage qui a déjà servi dans le flacon de virage neuf. Le virage vieilli est bon pour commencer les épreuves, qui doivent être terminées avec une petite quantité de bain neuf.

Ce procédé très-simple, plus facile encore à réaliser qu'à décrire, est un de ceux qui conviennent le mieux et qu'on emploie le plus volontiers; bien employé, il donne, avec de belles ombres bleues, de superbes blancs nacrés.

L'épreuve positive étant lavée, séchée, c'est-à-dire complétement terminée, doit être montée sur un carton, satinée, vernie, etc. (1)

Le petit portrait en pied, dit *carte de visite*, est ordinairement livré au gélatineur ou au vernisseur qui lui fait subir des préparations bril-

(1) L'encaustique est certainement le préservateur le plus sûr en même temps que le vernis le plus fin et le plus facile à appliquer. Il est à la portée de tous les opérateurs. On le trouve tout préparé chez l'inventeur, Belloc, rue de Lancry, 16.

-lantes, au moyen desquelles on le croirait sous verre. Mais ces opérations sont du domaine de l'industrie parisienne ; en nul autre lieu, on ne peut faire gélatiner ou vernir. Du reste, ce genre de vernis ne saurait convenir à une grande épreuve. Une expérience de sept années nous a convaincu que l'encaustique est la meilleure substance pour cette opération.

Pour coller une épreuve, on fait usage d'une dissolution à froid de gomme arabique. L'épreuve étant couchée sur une feuille de papier buvard, on passera sur l'envers, avec une éponge fine (et non avec un pinceau), le moins de colle possible ; puis on l'appliquera sur un carton Bristol, et, après l'avoir couverte d'une feuille de même nature, on la soumettra au cylindre satineur à une faible pression d'abord ; au retour, on enlèvera le carton Bristol, on retournera l'épreuve sur la plaque d'acier, et l'on satinera par une pression plus forte du cylindre.

L'épreuve aura alors un lustre que l'encaustique (1) viendra perfectionner.

Prenez avec le doigt un peu d'encaustique que vous étendez sur l'image, de manière à ce qu'il n'y en ait que juste ce qu'il faut pour couvrir le papier. Procédez à un premier frottage

(1) *Formule d'encaustique* :

Mettez sur le feu, dans un vase neuf :

Cire vierge. . . . . 100 grammes.

Lorsque la cire est fondue, retirez le vase du feu et ajoutez à ce liquide :

Essence de lavande. . . . . 100 —

Le mélange opéré, mettez en pot.

avec un tampon de laine (étoffe mérinos) ; frottez encore dans tous les sens. Achevez de polir avec un tampon nouveau, en le manœuvrant avec assez de promptitude et de légèreté pour obtenir un brillant égal sur toute la surface, et sans rayures.

Ce vernis, pour l'épreuve, a un double avantage ; il la conserve en la préservant du contact de l'humidité, et il permet de raviver son éclat par un léger frottage, lorsque la poussière l'a ternie. La gélatine, au contraire, et le vernis au tampon ont le double inconvénient de jaunir l'épreuve en peu de temps et de se rayer au contact de tous les corps durs, sans compter que le brillant qu'ils donnent à l'épreuve la fait miroiter et fatigue la vue.

Du portrait et des fonds

Un fond bleu indigo ou un fond gris ardoise est, à notre avis, la couleur la plus favorable au fond du portrait. En effet, sur l'une ou l'autre de ces nuances, la figure se détache sans dureté ; quelles que soient la coiffure et la couleur des cheveux de la personne qui pose, le contour de la tête ne peut se confondre avec le fond et se silhouetter sèchement, ce qui arrive ordinairement, par deux effets contraires, sur un fond blanc ou sur un fond noir. Le fond noir ne détache point assez les vêtements, et le fond blanc les détache trop. Il faut, autant que possible, éclairer vigoureusement la tête et *éteindre* les habits. L'opérateur intelligent doit tendre à ce que la Photograhie ait l'aspect d'une belle *aqua-*

tinta, et non celui d'une mauvaise et grossière lithographie.

Le public semble en avoir décidé antrement, si l'on en juge par la quantité de portraits sur fond blanc qui ornent les expositions des Photographes. L'opérateur purement industriel doit être enchanté de ce goût étrange, ou plutôt de cette absence de goût, car rien n'est plus facile que de faire un fond blanc, c'est-à-dire de ne pas faire de fond. Les opérations se trouvent ainsi simplifiées.

En effet, si malpropre que puisse être la glace, si grande que soit la négligence de l'opérateur, il suffit que l'espace couvert par la silhouette du portrait soit à peu près sans tache pour que l'œuvre semble passable et puisse être livrée.

Il est absolument impossible d'obtenir sur un fond blanc le relief qu'on peut espérer sur un fond de couleur, car si, pour arriver quand même à ce résultat, on donne plus de vigueur au dessin, ce dessin est tellement grossier qu'il faut absolument le *nettoyer*, terme consacré qui exprime l'opération du *retoucheur*, pour, à l'aide du pinceau, pointiller ce dessin et rendre les ombres plus estompées. Ce genre de retouche a, malgré tout, le défaut d'aplatir, de bouffir, d'enlever ainsi tout le charme d'une belle Photographie.

Cependant, comme un portrait qui ne laisse rien à désirer est rarement obtenu, il est à peu près indispensable de faire retoucher les épreuves.

Le fond blanc n'est pas la seule innovation

utile au portraitriste. On est allé plus loin dans
la voie de ce singulier progrès, et l'on a estompé
la moitié de l'épreuve. C'est là évidemment un
moyen habile et ingénieux pour dissimuler des
jambes ou des mains mal venues, mal dessinées.
Nous devons donc indiquer le moyen le plus
simple pour obtenir ce genre d'épreuve.

Faites construire en un bois très-léger une
boîte sans couvercle qui s'adapte parfaitement
au châssis-presse; cette boîte doit avoir 10 ou
15 centimètres d'épaisseur; mais, dans cet état,
elle jouerait le rôle d'obturateur et l'épreuve ne
se formerait pas. Il faut donc que le fond de
votre boîte soit à coulisse et percé, vers le milieu, d'une ouverture ovale ou ronde, qui soit
elle-même couverte d'une feuille de papier cal-
que. La lumière, tamisée par le papier dioptri-
que, viendra former l'épreuve, mais avec des
contours dégradés; puisqu'elle sera limitée par
la grandeur de l'ouverture. Le dessin sera moins
dur, plus fade, plus flou, et s'il n'est pas toujours de nature à convenir aux artistes, il sera,
du moins en général, au goût du public.

Nous avons dit que le fond de la boîte doit
être à coulisse, pour pouvoir changer ce fond à
volonté et réduire ou dégrader l'épreuve, en
modifiant la forme ou la grandeur de l'ouverture, faire des ombres portées, etc.

PRIX-COURANT

AVANT-PROPOS

Nous avons toujours insisté sur l'importance de la qualité des produits chimiques et le choix de l'objectif. Cette importance est telle, en effet, que rien ne peut la contrebalancer, ni l'adresse, ni l'habileté, ni la dextérité manuelle de l'opérateur ; la science elle-même la plus expérimentée ne peut triompher d'un objectif vicieux ; et nulle supériorité ne peut compenser l'infériorité des substances. Nous avons dit qu'en cet état de choses, il serait fort désirable qu'une maison, fondée sous la direction d'un homme consciencieux et compétent, pût, en quelque sorte, se rendre garant de l'excellence de ses produits, de façon à assurer aux opérateurs des succès, auxquels, pour la plupart, ils ne sont pas accoutumés.

Cette maison, établie depuis trois ans à peine, a justifié, et nous pouvons dire dépassé nos prévisions. Le nombre toujours croissant de nos clients, les témoignages flatteurs que nous en recevons chaque jour, nous prouvent que nos observations étaient parfaitement fondées, et que nous avons répondu à un véritable besoin. Notre maison est devenue, en peu de temps, un vaste laboratoire où de nombreux élèves se sont formés et ont acquis rapidement toute l'habileté nécessaire aux succès d'une bonne opération.

Nos leçons gratuites ont pour but de former des élèves qui, sûrs de leurs procédés, puissent marcher droit et rapidement dans la voie du progrès de l'art photographique, et qui, bien convaincus qu'ils ne trouveraient nulle autre part, ni les mêmes soins ni les mêmes garanties, nous constitueront une clientèle sérieuse et persévérante, de laquelle il nous est permis d'espérer le succès et la prospérité de notre maison.

Pour atteindre ce but, nous n'avons reculé devant aucun sacrifice, et nous nous efforcerons toujours de faire les plus grands avantages possibles aux consommateurs, sans nuire aux intérêts des producteurs.

Nos conseils sont acquis à nos clients, soit de vive voix ou par correspondance, et ce sera toujours un plaisir autant qu'un devoir pour nous, de leur indiquer les moyens de surmonter les difficultés qu'ils pourraient rencontrer dans leurs diverses opérations;

Quant aux leçons mêmes nous donnerons :

6 leçons gratuites à l'acquéreur d'un appareil 1|4 complet ; 12 leçons pour l'acquisition d'un appareil 1|2 ; et, enfin, 24 leçons à celui qui achètera, en même temps qu'un appareil 21+27, les produits chimiques nécessaires pour opérer pendant quelques mois.

L'avantage qui résulte de cette combinaison n'a pas besoin d'être expliqué. Il est évident que nos prix étant les mêmes, sinon plus bas que ceux des autres fabriques, et les produits d'une pureté et d'une supériorité réelles, si nous y ajoutons un enseignement théorique et pratique purement gratuit, et dont notre expérience bien connue rend l'importance incontestable, c'est, en réalité, une économie incalculable que nous offrons aux acquéreurs.

Quant aux envois, ils seront faits dans les vingt-quatre heures, quel que soit le genre de la demande, et même la quantité des produits demandés; notre magasin et notre personnel nous permettent de prendre cet engagement envers le public.

Nous croyons devoir ajouter, en terminant, que certaines demandes ne sont pas satisfaites aussitôt que nous le voudrions, parce qu'elles sont trop légèrement faites, et que les indications sont insuffisantes. Les unes nous laissent dans l'embarras au sujet du choix et des grandeurs, les autres ne contiennent pas l'adresse du destinataire ou ne la donnent qu'incomplétement. Pour obvier à cet inconvénient, nous offrons un modèle de demande qui ne laissera aucune espèce de doute ni d'incertitude au sujet de la tâche qui nous aura été confiée.

MODÈLE DE DEMANDE.

Par grande (ou petite) vitesse.
Azotate d'argent cristallisé (ou fondu).

Collodion dense normal, ou collodion normal fluide, ou collodion ioduré.

Alcool de vin à 36° (ou à 40°).

Éther à 62° (ou à 56°).

Cyanure de potassium (en plaques ou en poudre).

Vernis blanc pour négatif. — Vernis noir pour positif direct.

Vernis rose clair. — Bristol pour encarter. Grandeur : 24-30.

Passe-partout blancs (ovales ou à coins ronds) pour 1|4, 1|3, 1|2 1|1, ou bien d'une grandeur extérieure de... sur une ouverture ou vue de...

Cadres pour recevoir des passe-partout de...

Boîtes à glaces, pour recevoir des glaces de... (1)

Glaces d'une grandeur de...

Vases pour pyrog. (en gutta ou en verre).

Cuvettes (profondes ou plates) avec rebord pour négatif.

Papier (*français*, belge, anglais ou allemand) (salé ou non salé).

Feuille entière ou coupée pour (18, 24, 21, 27), etc.

Quant au paiement, nous croyons que le mode le plus simple, surtout quand il ne s'agit que de petites sommes, est celui de l'envoi contre rem-

(1) Les denominations 1|4, 1|2, lorsqu'il s'agit de boîtes à glaces ou de châssis, ne peuvent convenir quand le demandeur possède déjà les mêmes grandeurs. Il faut alors désigner les dimensions par milli-mètres.

boursement ; ce moyen est aussi le moins coû-
teux, et nous tenons compte, d'ailleurs, des frais
à nos clients, directement ou indirectement, soit
en prenant à notre charge les retours d'argent,
ou en réduisant d'autant le prix des produits
expédiés.

Ce mode est une garantie pour nous et aussi
pour le destinataire ; nous prendrons à notre
compte les objets cassés ou les produits avariés.
C'est, du reste, entre nos clients et nous, un ar-
rangement à l'amiable, qui, la bonne foi aidant
de part et d'autre, ne soulèvera jamais aucune
contestation sérieuse.

NOUVELLE LIQUEUR GÉNÉRATRICE.

En face des difficultés toujours croissantes que
nous éprouvons à nous procurer de l'acool de
vin et de l'impossibilité qu'il y a d'obtenir du
collodion parchemineux et sans tâche, avec
l'acool du commerce, nous avons dû chercher à
l'éliminer de nos préparations photogéniques.

A cet effet, nous avons composé un éther pur
à 62° avec les trois substances indiquées dans
notre deuxième formule, substances que nous
sommes enfin parvenu à faire dissoudre dans
l'ether, et malgré des difficultés que tous les chi-
mistes apprécieront.

Une série d'expériences comparatives nous a
prouvé la supériorité de ce mode de préparation
sur les autres liqueurs à l'acool comme sur le
collodion préparé à l'odure de cadmium, sans
introduction d'alcool.

Cet éther ioduré est par lui-même une liqueur génératrice, il suffit de le mêler au collodion normal dans la proportion indiquée plus bas (1) pour obtenir instantanément un collodion limpide, qui ne s'altère pas quand le cliché est terminé, d'une parfaite cohérence, et qui peut fournir une très-grande quantité d'épreuves, sans être verni et sans s'érailler au contact du papier positif.

Une des qualités précieuses de ce collodion, c'est que sa grande sensibilité ne l'empêche point de donner des épreuves positives directes d'une remarquable beauté.

L'emploi de ce nouveau collodion n'entraîne aucune modification dans les différentes manipulations et les divers développements, soit qu'on le destine à un négatif, soit qu'on préfère développer un positif. Moins de pose, pour le positif, nitrate

(1) Collodion normal. . . . . 30 c. c.
Ether ordinaire à 62°. . . . . . . 30 c. c.
Ether ioduré d'après ma formule. 30 c. c.

Agitez le flacon, — laissez reposer 10 minutes, — il n'est pas besoin de filtrer, — il est bien entendu que si, en raison de la température, le collodion blanchit trop dans le bain, on peut le modifier en y ajoutant quelques gram. de collodion normal et d'éther ordinaire.

On peut aussi faire le collodion plus dense, — soit :
Collodion. . . . . 40 c. c.
Ether ordinaire. . . . . 20 c. c.
Ether ioduré. . . . . 30 c. c.
Ainsi de suite.

d'argent mêlé à l'acide pyrogallique, fixage au cyanure de potassium, *seule modification* (1).

Aujourd'hui surtout que les opérateurs sont trop souvent débordés par le mauvais goût du public, qui exige à vil prix et sur le champ, des petites épreuves sur toile ou sur verre, nous espérons qu'on nous saura quelque gré de faire connaître un collodion qui permet de les obtenir avec la plus entière certitude.

Disons, en terminant, que notre maison n'a rien de commun avec une maison voisine, et nous répondrons ainsi aux questions et aux lettres sans nombre qui nous ont été adressées à ce sujet. Nous sommes *seul* responsable et nous signons *seul* notre garantie qui est et restera toujours une vérité.

A. BELLOC.

(1) Quel que soit le mode de développement employé (pyrogallique ou sulfate de fer), on doit fixer le positif direct avec la solution suivante :

   Eau. . . . . 100 c. c.
   Cyanure de potassium. . . . . . 6 c. c.

Si l'on ajoute à cette solution 1/4 de gramme d'iode, elle est beaucoup plus énergique et donne à l'épreuve un ton nacré des plus harmonieux; mais il est à craindre de voir disparaître l'épreuve. — Avec quelques précautions et de l'habitude on parvient à se rendre maître du procédé, et les résultats sont si beaux, qu'il vaut bien la peine d'être étudié et mis en pratique.

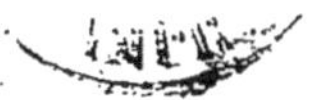

AVIS.

En établissant notre Catalogue, prix-courant des principaux articles employés en photographie, nous ne nous sommes pas engagé dans la route suivie par la plupart des marchands qui, multipliant à l'infini les colonnes et les chiffres, se perdent eux-mêmes dans un détail superflu de produits inutiles ou, tout au moins, fort douteux ; cause souvent répétée d'erreurs et de mécomptes.

Notre but a toujours été de simplifier, et nous croyons être en voie d'atteindre ce but en réduisant le catalogue des substances diverses, employées en photographie, à sa plus simple expression.

Toutefois, comme nous n'avons nulle prétention à une réforme générale, nous prévenons ceux qui voudront bien nous accorder leur confiance, que nous remplirons toujours leurs commissions quelles qu'elles puissent être, et toujours aux prix des fabricants auxquels ils nous auront adressé.

Pour cet article seulement payable au comptant 20 0/0

PRIX-COURANT

DES PLAQUES AU TITRE GARANTI

TITRE 20me.	f.	c	TITRE 40me.	f.	c
Plaques entières, la d^e	60	»	Plaques entières, la d^e	42	»
1/2	55	»	1/2	24	»
1/3	24	»	1/3	16	»
1/4	15	»	1/4	10	80
1/6	10	»	1/6	7	20
1/9	8	»	1/9	4	80

TITRE 30me.	f.	c	TITRE 60me	f.	c
Plaques entières, la d^e	45	»	Plaques entières, la d^e	36	»
1/2	30	»	1/2	24	»
1/3	20	»	1/3	14	»
1/4	12	»	1/4	9	»
1/6	8	»	1/6	6	»
1/9	6	6	1/9	3	50

PLAQUES ARGENTÉES

Par les procédés électro-chimiques de la maison
Ch. Christofle et Ce.

		f.	c
Plaques entières	la douzaine.	42	»
Id. 1/2		22	80
Id. 1/3		16	80
Id. 1/4		10	80
Id. 1/6		7	50
Id. 1/9		5	50

OBJECTIFS

POUR PORTRAITS ET POUR REPRODUCTIONS

1/4................... 44 mill.,............f. 20 »
1/2................... 63 mill. supérieur.   60 »
Plaque normale,.... 81 mill. ordinaire. 120 »
  Id.   Id.   supérieur (1).......... 160 »
Objectifs 4 p... ordinaire.............. 300 »
  Id.   Id.   supérieur............... 400 »

Les objectifs d'une grandeur au-dessus sont rarement bons ; on ne saurait guère les vendre à garantie. — On en trouve dans les prix de 500, 600 et 700 fr., suivant leur diamètre.

Pour faire avec les objectifs ci-dessus des objectifs à reproduction ou à paysage, il suffit de démonter le barillet de devant portant le ménisque, et de le visser dans une monture à diaphragmes, du prix de 8 fr., 9 fr., 12 fr., 15 fr., 20 fr., que l'on joint ordinairement à l'envoi de l'objectif double, à moins d'avis contraire.

APPAREILS. — CHAMBRES NOIRES

Pour............... 1/4................f. 18 »
Pour stéréoscopes 1/4 avec châssis à chariot. 24 »
Pour........... 1/2 pour portraits..... 22 »
Pour...... .... 1/2 double tirage pour paysage........................... 25 »
Avec combinaison pour stéréoscope et pour 1/2,........................... 35 »

(1) Il est extrémement difficile de trouver un objectif parfait. — On ne comprend pas comment ils pourraient être cotés aux mêmes prix. La différence du prix vient de la différence des verres et du poli.

Normale pour portrait..................... 36 »
   Id.   double tirage pour pay-
sage.................................. 44 »
24 + 27 à soufflet carrée à crémaillère à
déplacement; châssis avec cadres intérieurs portant glaces de 18 + 24, 13
+ 18, avec rideau mobile appliqué sans
coulisse............................... 80 p
Cette même grandeur dans les formes ordinaires, sans soufflet, etc................ 50 »
Pour 27 + 33, à soufflet, comme la précédente.................................. 115 »
Forme ordinaire 27 + 33................. 65 »
Les grandeurs au-dessus, de gré à gré. Prix
proportionnel à la grandeur.

CHAMBRE BINOCULAIRE POUR STÉRÉOSCOPES (1)

Munie de deux objectifs, 1/4 jumeaux, même
foyer, avec diaphragmes intérieurs, se dé-
montant à bayonnette................ f. 95 »
La même avec objectifs 1/4 jumeaux, pas
de vis ordinaire..................... 75 »

(1) Ce système est indispensable à celui qui veut
obtenir et reproduire instantanément des vues animées. Les deux images ainsi obtenues ne sont pas
stéréoscopiques et demandent à être déplacées. On
peut les déplacer *positives*, en les collant sur leur carton. Mais si l'on a un grand tirage à faire, il est mieux
de faire subir ce déplacement au *négatif*. A cet effet,
vous devez posséder un petit calibre en glace de 6 à 7
centimètres de long, que vous aurez soin de diviser
par une ligne au crayon en deux parties égales. Cette

PORTE-APPAREILS. — PIEDS D'ATELIER

Pour une chambre 1/4.................... f. 18 »
Pour   id.   1/2..................... 20 «
Pour plaque normale..................... 25 »
Pour plaque normale en chêne, beau mo-
     dèle, pédale......................... 28 »
Pour chambre 21 + 27. — En chêne à pé-
     dale et à crémaillère, bascule, etc. Beau
     modèle............................... 35 »
Pied porte-appareil en fer......... 150 et 200 »
Pieds brisés pour la campagne.

ligne répond à celle que vous aurez tracée sur la glace dépolie, et sur laquelle vous placez le sujet à reproduire ou le personnage principal d'un groupe.

Lorsque le cliché sera fait et verni, vous poserez le calibre sur le cliché, de telle sorte que la ligne médiane porte sur le personnage qui avait servi pour la mise au point (nous supposons qu'ayant couché le cliché verni en dessus, vous commencerez par l'image de gauche) ; tirez une ligne avec une pointe sur le vernis et du côté gauche, reportez votre calibre sur l'image de droite ; que la ligne médiane passe aussi sur le même personnage ; tracez une ligne à l'extrémité du calibre à droite ; faites passer le diamant sur les deux lignes que vous venez de tracer, détachez ces deux lisières ; donnez encore un coup de diamant dans le milieu du cliché pour séparer les deux images, puis portez celle de gauche à droite.

Pour faciliter le tirage des épreuves positives on colle sur un verre, avec une solution de gomme épaisse, les deux images rapprochées et l'on a ainsi, par un léger travail, le bénéfice d'une chambre monoculaire,

Pour chambre 1/4...................... 11 »
Pour   id.   1/2...................... 13 »
Pour   id.   21 + 27................. 16 »

APPUI-TETE.

En bois se fixant au siége................ 6 »
Indépendant, plate-forme en bois, à genouil-
    lère................................. 10 »
En fer................................... 35 »
Id....................................... 50 »

BOITES A GLACES.

Pour stéréoscopes, 12 rainures............ 2 50
Pour stéréoscopes, 24 rainures, poignée en
    cuivre............................... 3 50
Pour glaces 1/4, 24 rainures.............. 3 »
Pour   id.   12 rainures................ 2 25
Pour   id. 1/2, 24 rainures, poignée en
    cuivre............................... 3 50
Normale, poignée en cuivre................ 4 25
Pour 21 + 27   id. 5 50
Pour 27, 35   id. 6 50
Boîte polisseuse avec compartiments....... 1 50
Deux tampons en peau de daim (1).......... 1 50

(1) Avec ce système de tampons, l'opération du po-
lissage marche rapidement et bien.

Manière d'opérer. — La glace neuve ou en service
doit être lavée d'abord à grande eau, puis posée de
champ sur une feuille de papier buvard. Lorsqu'elle
est sèche, prenez un chiffon propre imbibé d'alcool et
frottez-en également les deux côtés, puis essuyez fortement les épaisseurs de la glace. Tamisez un peu de
craie sur la glace, mouillez un autre chiffon avec de
l'alcool, et promenez pendant une minute sur cette

CHASSIS-PRESSE POUR POSITIFS

Nous donnons comme de raison la préférence au châssis-presse de notre invention pour lequel nous avions pris un brevet s. g. d. g., et qui, quoique plus cher que les autres, nous paraît tellement supérieur que nous n'hésitons pas à lui donner la préférence :

face ; laissez sécher. Lorsque la craie étendue sur la glace est sèche, prenez le tampon n° 1, frottez la glace assez vivement ; prenez le tampon n° 2, et frottez de nouveau. Puis enfin, avec un chiffon sec et propre, frottez légèrement afin d'enlever les dernières poussières produites par la craie ; quatre ou cinq minutes suffisent pour rendre parfaitement propre, la glace la plus difficile. — On peut se dispenser d'ammoniaque, et nous pensons que l'alcool faible est, peut-être, ce qu'il y a de mieux pour obtenir une pureté complète.

Lorsque le tampon n° 1 manque de craie, il faut en tamiser sur la glace et la tamponner, afin que le blanc puisse sécher la glace ; le tampon n° 2 doit être à peu près sans blanc.

Pour stéréoscope . . . . f. 15 »
        1/2 . . . . 16 »
Pour normale . . . . 18 »
    21-27 . . . . 20 »
    27-33 . . . . 30 »

CHASSIS-PRESSE POUR POSITIFS SYSTÈME ORDINAIRE.

Pour 1/4 . . . . f. 4 »
    1/2 . . . . 6 »
    1/1 . . . . 8 »
    Extra . . . . 11 »

CUVETTES PLATES EN GUTTA-PERCHA.

Pour 1/4 . . . . f. 1 50
    1/2 . . . . 2 50
    normale 3 50
    21-27 . . . . 5 »
    27-33 . . . . 8 »

CUVETTES PROFONDES POUR BAIN D'ARGENT
NÉGATIF, AVEC REBORD.

Pour 1/4 . . . . fr. 3 »
    normale . . . . 5 »
    21-27 . . . . 9 »
    27-33 . . . . 13 »

Nous ne donnerons pas des prix pour des grandeurs
au-delà. On comprend si bien aujourd'hui le peu
de valeur des grandes photographies que les opérateurs se bornent à cette dimension.—Cependant,
nous expédierons les grandeurs et les qualités de-
mandées.

Doigtiers en caoutchouc . . . . la pièce fr. » 25
Gants . . . . la paire. 10 »

Nous engageons nos clients à ne pas s'en servir ; à tout prendre, il vaudrait encore mieux se servir d'une forte paire de gants de peau, mais aucun de ces moyens ne vaut rien ; on est fort maladroit avec des gants, et ceux en caoutchouc sont impossibles. — Nous n'admettons les doigtiers que dans le cas d'un mal survenu à un doigt, d'une écorchure, etc., et pour le garantir des acides, etc.

ENTONNOIRS EN GUTTA-PERCHA.

1 pot en gutta-percha hyposulfite......	f.	3 50
Les quatre entonnoirs................		4 »

VASE A BEC POUR VERSER L'ACIDE PYROGALLIQUE — EN GUTTA-PERCHA.

Grandeur normale...................	f.	2 »

GLACES MINCES POUR NÉGATIFS.

Stéréoscopes, la pièce................	f.	»	60
1/4..........................		»	40
1/2..........................		1	»
normale 18+24..............		1	50
21+27..............		1	90
27+33..............		3	25

VERRES BLANCS POUR NÉGATIFS.

Stéréoscopes......................	f.	»	25
1/4 9+12..............		»	10
1/2 13+18..............		»	25
normale 18+24..............		»	35
Verres dépolis doucis..............			
1/4..........................		»	45
1/2..........................		»	75

normale 1 50
21+27 .... 2 »

CALIBRES EN GLACE FORTE, DOUCIE.

Pour carte de visite................ f. 2 »
Id. couper l'image stéréoscopique obte-
    nue par le binoculaire.......... 2 »
Id. couper les images stéréoscopiques
    accouplées..................... 3 »
    1/4 coin rond ou ovale........... 3 »
    1/2   id................. 3 50
    normale id................. 4 »
    21+27   id................. 4 50
Equerre de 32 centimètres............ 5 »

ENTONNOIRS EN VERRE.

Le jeu complet...................... f. 1 50
Pince-glace pour le stéréoscope....... 5 »
Ventouse pour les grandes glaces....... 5 »

VERRES GRADUÉS EN C. C. — OU GRAMMES.

Verre gradué pour l'eau... 125 c.c.g. f. 3 50
   Id.   pour collo-
dion.................... 60 c.c.g. 2 50
   Id.   pour l'acide
acétique................. 25 c.c.g. 2 »
Mortier et son pilon................. 2 50
Loupe de 60 à 80.................... 7 »
Verre à bec pour verser l'acide pyro-gal-
lique — en cristal.................. 1 50
Sablier.............................. 1 50
   Id. 2 80

PAPIERS POUR POSITIFS.

Français	la main.	f.	3 50
Belge	id.	4	»
Id. extra	id.	4 50
Allemand (Saxe), grand format (1)		4 50
Id. Id. Id. salé		5	»
Papier anglais		6	»
Filtres ronds	33	1 25
Id.	45	2 50
Papier Joseph pour essuyer les verres, cuvettes, etc., la rame		7 50
Papier buvard		15	»

PAPIER ALBUMINÉ SALÉ OU NON POUR TRANSPORT DU NÉGATIF.

Procédé BELLOC	la main.	7	»
Salé albuminé très-beau	la main.	8	»
Id. supérieur (Saxe)	la main.	10	»
Encaustique lustrée de Clausel et Belloc, la boîte		2

NOTA. — Nous prévenons les clients que nous aurons à leur disposition du papier sensible, sans qu'il soit besoin de le commander d'avance, nos travaux nous obligeant à en préparer tous les jours pour notre propre consommation. *Papier sensible, 18-24, 30 cent. la feuille.*

APPAREIL COMPLET POUR 1/4 DE PLAQUE. 9 + 12.

Un objectif — 1/4 diaphragme, pour paysages et portraits	f. 27	»
Chambre noire	18	»

Pied porte-appareil de campagne...... 11 »
Boîte à glaces. — 12 Rain............. 2 »
Douze glaces........................ 4 80
Un crochet en corne................. » 50
Un pinceau à épousseter............. 1 »
Un châssis-presse................... 4 »
Une cuvette pour bain d'argent négatif.. 3 »
Un vase à bec en gutta-percha pour l'ac.
  pyrogallique..................... 2 »
Un vase gradué, 60°................. 2 50
                Total............... 75 80

COMBINAISON POUR STÉRÉOSCOPE.

Un charriot et son châssis........... 10 »
Une planchette d'angle.............. 7 »
Une boîte p. glaces stéréoscopiques 24 R. 3 50
Douze glaces........................ 7 20
                Total............... 27 70

APPAREIL COMPLET 1/2
13 + 18 avec 7 p. 0/0.

Un objectif. 1/2.................... 60 »
Sa combinaison pour paysage......... 7 »
Une chambre noire. Simple tirage.... 22 »
Double tirage....................... 3 »
Un pied d'atelier................... 13 »
Une boîte à glaces. 24 Rain......... 3 50
Douze glaces........................ 12 »
Un crochet en corne................. » 50
Un pinceau à épousseter les glaces.... 1 »
Un châssis presse................... 6 »
Une cuvette bain négatif. Profonde... 5 »
Quatre cuvettes plates.............. 10 »

Deux entonnoirs en gutta-percha........   2   »
Un vase à bec p. pyrogallique..........   2   »
Deux vases gradués....................   5 50

       Total..................   152 50

COMBINAISON POUR STÉRÉOSCOPE.

Un charriot et son châssis............   12   »
Une planchette d'angle................   7   »
Une boîte stéréoscopique, 24 R........   3 50
Douze glaces..........................   7 20

       Total 29 70

APPAREIL COMPLET
Pour plaque normale, 18 + 24.
Avec 8 0/0 d'escompte.

Un objectif....................... f. 160   »
Un combin. pour paysage   9   »
Une chambre noire en bois pour portrait.   35   »
Double tirage pour paysage..........   9   »
Porte-appareil de campagne..........   16   »
Une boîte à glaces, 24 R............   4 50
Douze glaces........................   18   »
Un crochet en buffle................   » 50
Une planchette à polir..............   5   »
Un châssis-presse...................   8   »
Un châssis presse, mon système......   18   »
Une cuvette profonde, bain négatif..   7   »
Quatre cuvettes plates..............   14   »
Quatre entonnoirs en gutta..........   4   »
Un vase à bec pour pyrogallique.....   2   »
Trois vases gradués.................   7 50

       Total......   317 50

APPAREIL COMPLET
Extra-supérieur, 21, 27.
Avec 10 p. 0|0 d'escompte.

Un objectif, 4 pouces......................	350	»
Une combinaison pour paysage..........	15	»
Une chambre soufflet, 1 châssis muni de diaphragmes intérieurs 1/1 1/2 1/4, crémaillère, 70 cent. de tirage, etc...	80	»
Un pied d'atelier, chêne, crémaillère.	35	»
Une boîte à glaces, 24 rainures........	5	50
Douze glaces...........................	22	80
Un crochet en argent...................	2	50
Une planchette à polir.................	6	»
Un châssis-presse, mon système........	20	»
Une cuvette profonde...................	9	»
Quatre cuvettes plates.................	20	»
Quatre entonnoirs en gutta.............	4	»
Un vase à bec pour l'acide pyro-gallique...............................	2	»
Trois vases gradués....................	7	50
Une balance à bascule..................	15	»
Une ventouse pour tenir la glace......	5	»
Total......	599	30

PRODUITS CHIMIQUES ET ACCESSOIRES
nécessaires à la fabrication de cent épreuves négatives et positives 1/4.

Deux flacons collodion ioduré, avec les vases........................	4	70
Cinquante grammes nitrate d'argent, avec le vase.....................	9	10

Cinq grammes acide pyro-gallique, avec
   le vase................................... » 90
Cinquante grammes acide acétique, avec
   le vase................................... » 80
Un kilog. hyposulfite de soude........... 1 50
Cent grammes ammoniaque................ » 55
Craie Levigée dans sa boîte tamis........ 1 25
Cent cinquante gr. cyanure de potassium » 60
Cinquante gr. vernis blanc pour négatif. » 80
Une liasse filtres....................... 1 25
Un gr. chlorure d'or.................... 2 70
Deux entonnoirs verre................... » 60
Un quart main papier salé en quatre..... 1 25
Cinq feuilles bristol coupées en quatre
   pour les épreuves...................... 1 75
                              Total....... 27 75

Les petits appareils sont rarement accompagnés
de balances, verres gradués, etc. Avec un peu d'habitude, on peut se dispenser de peser et de mesurer;
on peut se servir d'un petit trébuchet ou d'un verre
ordinaire, qu'on a gradué soi-même, etc. Toutefois, si
l'acquéreur veut compléter notre nomenclature, il
devra, en en faisant la demande, y ajouter ces objets
et les produits qu'il veut avoir à sa disposition.

En prenant pour base les produits nécessaires à
l'appareil 1/4 — 9 cent. + 12. — On peut se rendre compte d'une quantité relative pour un appareil
et pour la fabrication de cent épreuves 1/2 (13 + 18),
1/1 (18 + 24), extra (21 + 27).

PRODUITS CHIMIQUES ACCESSOIRES.

Acétate d'ammoniaque........ le kilog.	3	75
id. d'argent....................	260	»
id. de cuivre..................	5	50
id. de mercure................	25	»
id. de plomb pur..............	4	»
id. de zinc cristallisé......	10	»
id. du verdet (vinaigre radical) ...	4	50
Acide oxalique pur..................	8	»
id. succinique pur...............	100	»
id. sulfurique pur..............	4	»
id. tartrique premier blanc en crist.	8	»
Bitume de Judée....................	4	»
Borax fondu.......................	11	»
Bromure de Barium.................,	60	»
id. de fer...................	60	»
id. de potassium..............	60	»
id. de sodium................	60	»
id. de zinc..................	60	»
Cadmium métallique	25	»
Camphre raffiné....................	6	»
Carbonate de chaux. Lavé...........	1	25
Carbonate de potasse, pur..........	7	»
Carbonate (Bi) de soude............	1	26
Chlorure de baryum.........,, le kil.	7	»
id. de chaux................	1	50
id. de fer (proto).	5	50
id. id. (per) sec...............	5	50
id. de mercure (deuto)..........	7	»
Chromate (Bi) de potasse. R. ou jaune..	10	»
Cyanoferrure de potassium..........	8	»
Esprit de bois rectifié..............	2	50

Fluorure de potassium..........le kil.	50	»
d'ammonium, etc....................	50	»
Huile de naphte rectifiée.............	16	»
Hydromelite......................	12	»
Nitrate d'urane....................	70	»
id. de zinc......................	8	»
Oxalate d'ammoniaque cristallisé......	17	»
Or mussif........................	25	»
Potasse caustique en plaques..........	3	»
Plombagine purifiée................	5	»
Phosphate d'ammoniaque.............	40	»
id. de soude..................	6	»
Potassium	60	»
Poudre de charbon végétal............	4	»
Sel d'or de gelis et fordos..... le gram.	2	70
Sodium..........................	65	»
Sulfate de soude cristallisé...........	1	»
Sulfure de potassium................	1	50
Teinture de tournesol................	8	»

PRODUITS CHIMIQUES POUR LA PHOTOGRAPHIE.

Acide acétique cristallisable...... le kil. f.	10	»
Acide citrique, 1er bl. diaph. cristallisé.		
le kilog.........................	10	»
Acide chlorhydrique............ le kil.	3	»
Acide gallique................. le kil.	40	»
Acide nitrique pur à 40°....... le kil.	3	»
Acide nitrique monohydraté..... le kil.	5	»
Acide oxalique pur............ le kil.	8	»
Acide pyrogallique sublimé..... le kil.	160	»
Acide sulfurique pur.......... le kil.	4	»
Acide tartrique 1re bl. en crist... le kil.	8	»
Alcool de vin rectifié à 36°....... le lit.	3	50

Alcool à 40°......................	le lit.	4	»
Ammoniaque pure à 25°........	le kil.	3	»
Benzine incolore............ ...	le lit.	2	50
Bichromate de potasse rouge.....	le kil.	4	»
Bichromates jaune et rouge purs ..	le kil.	10	»
Brôme pur.....................	le kil.	40	»
Bromure d'ammonium..........	le kil.	60	»
Bromure de cadmium..........	le kil.	60	»
Chlorure d'or.............	le gramme.	2	50
Chlorure de platine........	le gramme.	1	10
Chlorure de sodium pur.........	le kil.	2	»
Craie Lévigée.................	le kil.	4	»
Cire-vierge pure...............	le kil.	7	»
Citrate de fer soluble en paillettes.	le kil.	20	»
Collodion concentré (très-dense).	le kil.	11	»
Collodion fluidité convenable....	le kil.	9	»
Collodion inaltérable ioduré (maximum de sensibilité).............	100 c. c.	2	»
Collodion fluide normal.......	60 c. c.	»	60
Coton soluble.................	le kil.	50	»
Cyanure de potassium en plaques.	le kil.	10	»
Cyanure de potassium en poudre.	le kil.	15	»
Dextrine.....................	le kil.	1	25
Essence de lavande.............	le kil.	8	»
Essence de térébenthine rectifiée..	le kil.	2	»
Éther sulfurique à 56°...........	le kil.	6	»
Éther sulfurique à 62°...........	le kil.	6	50
Éther ioduré (dernière formule)...	le kil.	12	»
Gélatine blanche d'Angleterre....	le kil.	12	»
Hyposulfite de soude...........	le kil.	1	50
Iode sublimé..................	le kil.	45	»
Iodure d'ammonium cristallisé...	le kil.	60	»
Iodure de cadmium............	le kil.	60	»

Iodure de potassium.................... le kil.   40   »
Iodure de zinc........................ le kil.   60   »
Kaolin 1re blanc. pur................. le kil.   2   »
Liqueur génératrice (2e formule). 200 c. c.   2   »
Mercure métallique.................... le kil.   8   »
Nitrate d'argent cristallisé.......... le kil.   170   »
Nitrate d'argent fondu blanc, en
    plaques........................... le kil.   180   »
Nitrate de potasse pur................ le kil.   4   »
Potasse caustique, en plaques......... le kil.   3   »
Sel ammoniac blanc pur................ le kil.   4   »
Sel d'or de Gélis et Fordos.... le gramme.   3   »
Sucre de lait......................... le kil.   4   »
Sulfate de fer pur.................... le kil.   1 20
Vernis blanc pour négatif............. le lit.   16   »
Vernis noir pour positif direct...... le lit.   12   »
Vernis rose pour épreuves positives. le lit.   16   »

PRODUITS CHIMIQUES POUR LA DAGUÉRÉOTYPIE

Brome pur..................... le kilog.   40   »
Bromure de chaux..........................   16   »
Chloro-bromure de chaux...................   30   »
Chlorure d'or solide........... le gram.   2 50
    id.   id. liquide........... le kilog.   4   »
Chaux hydratée............................   » 60
Coton cardé première qualité..............   5 50
Eau distillée.............................   » 20
Huile de Pétrole blanche..................   5   »
Hyposulfite de soude......................   4 50
Essence de Térébenthine rectifiée.........   2   »
Iode sublimé..............................   40   »
Mercure métallique distillé...............   8   »
Potée d'Émeri.............................   8   »

Potée d'Etain................le kil..   3 »
Rouge anglais.   Extra pur.....   8 »
Tripoli de Venise. Première qualité...   8 »
Terre pourrie   Première qualité...   3 50

BOITES A COULEURS SÈCHES AVEC GODETS OR ET
ARGENT, PINCEAUX, ETC.

Ordinaire.................................f. 10 »
Supérieure................................ 15 »

BOITES A COULEURS POUR AQUARELLE. — OR,
ARGENT, PINCEAUX, ETC.

Ordinaire.............................. 12 »
Complète bois supérieur................ 18 »

CADRES NOIRS.

Ovales , coins ronds , polis au tour
et vernis. — Noirs ou couleur, pour
tenir le passe-partout (grandeur normale), extra............. la douzaine. 36 »
Pour 1/2................................ 18 »
1/3................................ 15 »
1/4................................ 12 »
1/6................................   9 »

CADRES MÉDAILLONS, ÉCAILLE BLONDE OU BRUNE

Pour 1/6.................. la pièce.   3 »
1/4.................. la pièce.   4 »
1/2.................. la pièce.   6 »
Normale.................. la pièce. 10 »

ÉCRINS. — CADRES EN SABLÉ, PEAU MAROQUIN.

La douzaine pour 1/6.	30 f.	Jumeaux..	48	»
Id.	1/4. 36	Id. ..	60	»
Id.	1/3. 50	Id. ..	80	»
Id.	1/2. 80	Id. ..	100	»

ID. — CADRES EN CUIVRE DORÉ OU ARGENTÉ.

Peau maroquin. 1/6.	55 f.	Jumeaux..	65	»
Id. .1/4.	60	Id. ..	70	»
Id. .1/3.	80	Id. ..	70	»
Id. .1/2.	108	Id. ..	120	»

Les formes les plus variées, les métaux les
plus riches peuvent concourir à une aug-
mentation de prix.

On pourra s'en rapporter à nous pour le
choix et les soins apportés aux intérêts de
nos clients.

BALANCE A BASCULE.

La seule commode pour nos produits, avec
la série de poids de 1/2 gr. à 50 gr......   15   »

BRISTOL.

Bulle en trois, très-fort, très-beau, sans
boutons, le cent.....................   36   »

Coupé en quatre, il donne une grandeur
pour l'épreuve normale avec belle
marge.

Coupé pour stéréoscopes,........ le mille.   24   »

PASSE-PARTOUT.

Nous n'emploierons pas la nomenclature
ordinaire, elle est trop longue et trop
embrouillée.
Noir, marron ou écaille pour positif direct
ou pour plaque, biseau bronze, etc.

Pour 1/9 .... la douzaine. f. 1 80
     1/6 .... la douzaine. 2 75
     1/4 .... la douzaine. 3 »
     1/3 .... la douzaine. 4 »
     1/2 .... la douzaine. 6 »
Le passe-partout blanc, beau Bristol uni
    pour normale .... 12 »
Supérieur en verre et carton chagriné ..... 14 »
21 + 27 .... 18 »
    Id. supérieur .... 24 »
Et toujours dans les proportions croissan-
tes suivant la finesse et la grandeur.

CADRES EN PLASTIQUE CHÊNE OU BOIS DE COULEUR.

Grandeur normale, ovale ou coins
ronds propres à contenir le passe-
partout .... la douzaine. 18 »
    Id. extra plus beaux. la douzaine. 24 »
Toujours en raison de la grandeur, le prix
du cadre augmente ou diminue.

CADRES DORÉS AVEC ORNEMENTS.

Ovales ou coins ronds (grandeur normale), pouvant recevoir le passe-
partout .... la douzaine. 55 »

CADRES DORÉS.

Baguettes demi-jonc, coins ronds ou ovales
(grandeur normale); petite marge.   36   »
Vues stéréoscopiques sur verre, de 3 à 6 fr.
pièce, par les meilleurs opérateurs, très-
belles, mais variables de prix à cause du
sujet. . .
Sur papier en noir, de 4 à 15 fr. la douzaine.
Portraits sans retouche, pour montres, la
pièce. . . . . f. 10   »
Portraits retouchés à l'huile.   30   »
Portraits retouchés à l'aquarelle.   20   »
Clichés spécimen.   10   »

Cylindres satineurs, avec plaque d'acier système
parfait, mécanique unique abaisseur pour le parallé-
lisme des cylindres et de la plaque.

26 + 32 centimètres. . . . .   170 f.
30 + 38 id.   245
35 + 45 id.   320
45 + 55 id.   425

Ce Catalogue, en vue seulement de donner des
renseignements utiles à l'opérateur photographe, ne
nous dispense nullement d'un assortiment complet en
tout genre pour tout ce qui tient à la photographie,
dans les meilleures conditions de prix et de qualité.

Nous expédierons, sur demande et gratuitement
le *Catéchisme de l'Opérateur photographe* et les
Causeries photographiques, à tout client qui nous
fera une demande de 30 francs au moins.

VOCABULAIRE

APPAREIL. —Ce terme ne s'applique qu'au matériel, optique et mécanique, nécessaire aux opérations, comme chambre noire, pied, objectifs, cuvettes, boîtes, etc.

BAINS. — On appelle ainsi toute solution dans laquelle l'épreuve, négative ou positive, doit être baignée. Il y en a de diverses sortes : bain d'argent négatif, bain d'or, bain alcalin ou acide, etc.

CALIBRES. — En photographie, ce mot désigne une glace très-forte, doucie et rodée, ayant à son centre un bouton qui permet de la fixer sur l'épreuve de telle sorte qu'on puisse couper rapidement d'équerre toutes les épreuves de même dimension. Le calibre est surtout indispensable pour les épreuves stéréoscopiques et pour les cartes de visite.

CHAMBRE-NOIRE. — Boîte en bois, avec tiroirs à rallonges, munie, à sa partie antérieure, d'une ouverture destinée à recevoir l'objectif, et à sa partie postérieure, d'une glace dépolie. Elle doit être complètement privée de lumière lorsqu'elle fonctionne, d'où lui vient son nom de chambre *noire*. Un ou deux châssis porte-glaces font partie de la chambre-noire.

CHARRIOT. — Châssis à coulisses horizontales qui se fixe à la place de la glace dépolie, et qui est destiné à recevoir un châssis long porte-glaces, pour le stéréoscope, dans la chambre monoculaire.

CHASSIS PORTE-GLACE. — Cadre destiné à recevoir la glace collodionnée et iodurée. Dans les grands appareils, ce châssis contient ordinairement des diaphragmes, ou châssis intérieurs mobiles, pour recevoir les glaces de moindre dimension. Il prend sa place dans la chambre-noire, au moyen d'une coulisse. Quelquefois dans les chambres à soufflet, d'un prix élevé, il est *appliqué* par un procédé très-commode et très-ingénieux, il prend alors le nom de *châssis applique*.

CLICHÉ. — Modèle ou image négative, servant de matrice pour la reproduction indéfinie des épreuves ou images.

CRÉMAILLÈRE. — Broche à mollette dentée perpendiculaire à l'objectif, destinée à faire coulisser le tube et à mettre au foyer. Il est indispensable, dans les grandes chambres à long foyer, d'adapter une crémaillère à côté du bouton fixateur, auprès de la glace dépolie. Cette crémaillère remplit les mêmes fonctions que celle de l'objectif.

DÉCAPER. — Terme technique qui comprend à la fois l'action de dégraisser d'abord, et de polir ensuite.

DIAPHRAGME. — Petit disque percé au milieu, et de même diamètre que le tube de l'objectif. Il se place entre les deux lentilles, comme dans le binoculaire 1/4. On l'adapte quelquefois au verre de devant de l'objectif double. La monture pour paysage est munie de 2 ou 3 diaphragmes à son extrémité..

DOSAGE. — Action qui consiste à se conformer, pour les solutions, aux formules généralement adoptées.

Flou. — Ce mot, tout pittoresque, se dit de l'épreuve ou de la partie de l'épreuve dont les lignes ne sont pas nettement définies. Les lignes sèches, une barbe fine dont on peut, pour ainsi dire, compter les poils, sont des preuves évidentes que l'objectif est bon, que l'opérateur a bien mis au foyer, et que le modèle a bien posé. L'épreuve alors n'est pas *flou*. Un objectif mauvais, ou seulement médiocre, ne fait jamais d'épreuves nettes. Tous les résultats qu'il donne sont plus ou moins *floux*.

Objectif a verre unique, pour paysage ou reproduction. — C'est l'objectif double, à portrait, dont on a enlevé le verre de devant dans son barillet, et vissé dans la monture à diaphragme, qui se visse elle-même dans la rondelle qui est sur la chambre quand on a enlevé le tube de l'objectif à portrait. Ce tube porte le ménisque, que l'on retire pour le paysage, et aussi une lentille à double verre.

Obturateur. — Pièce de cuivre ou de carton, entrant, à frottement senti, dans le pavillon de l'objectif, et servant alternativement à masquer et à démasquer la lentille, après la mise au foyer et après la pose.

Positif — Négatif. — Ces deux mots, consacrés dans la langue photographique, définissent assez mal leur objet. On appelle épreuve *négative* celle qui est obtenue dans la chambre-noire, et qui serait mieux nommée *épreuve inverse*, c'est le cliché. L'épreuve *positive* est celle qui résulte du cliché ou épreuve négative. Ces deux épreuves sont entre elles comme le moule à l'objet moulé, ou la feuille d'impression à la planche d'imprimerie.

Planchette d'angle. — Petit mécanisme mobile qui donne l'angle voulu à la chambre monoculaire, et qui aide à la manœuvre de la chambre dans ses différentes directions.

TACHES. — Nous avons, dans les *Causeries*, employé presque tous les termes empruntés à la langue de la marine, pour caractériser les différentes taches qui peuvent se produire toutes, plus ou moins, sous formes de nuages, tels que *Cirrus*, *Stratus*, *Cumulus*, *Nimbus*, etc., taches tour à tour formées en bandes ou groupées, blanches, cotonneuses, diaphanes, etc., qui se produisent sur la couche collodionnée, selon les hasards d'une opération dans laquelle toutes les précautions voulues n'ont pas été prises.

N. B. — *Nous achetons les Clichés stéréoscopiques.*

TABLE DES MATIÈRES

VERSAILLES. — IMPRIMERIE CERF, RUE DU PLESSIS, 59.